我国经济社会发展测度与评价研究

熊健益　等著

中国财经出版传媒集团
中国财政经济出版社

图书在版编目（CIP）数据

我国经济社会发展测度与评价研究/熊健益等著.
--北京：中国财政经济出版社，2019.12
ISBN 978-7-5095-1704-8

Ⅰ.①我… Ⅱ.①熊… Ⅲ.①中国经济-研究 Ⅳ.
①F12

中国版本图书馆 CIP 数据核字（2019）第 288047 号

责任编辑：吕小军等　　　　责任校对：张　凡
封面设计：陈宇琰

中国财政经济出版社 出版
URL：http：//www.cfeph.cn
E-mail：cfeph@cfeph.cn

社址：北京市海淀区阜成路甲 28 号　邮政编码：100142
营销中心电话：010-88191537
北京财经印刷厂印刷　各地新华书店经销
710×1000 毫米　16 开　12 印张　202 000 字
2019 年 12 月第 1 版　2019 年 12 月北京第 1 次印刷
定价：48.00 元
ISBN 978-7-5095-1704-8

前　言

近年来，我国一些经济社会发展中的热点问题，不仅学者关心，决策者关心，普通老百姓也有很多人关心。比如，我国的中等收入问题。处于收入的“中等水平”就是中等收入？亦或收入达到某个数量界限就是中等收入？中等收入群体就是“中产阶级”或“中产阶层”？有人认为，如果中等收入群体就是中产阶级，我们好像现在“高攀不起”，好多时候我们感觉“被中等了”；也有人认为，“中等收入”问题是一个伪命题，一个国家或地区无论发展如何，反正有部分人的收入处于“中间水平”，研究中等收入毫无意义。其实，大多数人追求“中等收入”，扩大“中等收入群体”，是21世纪中叶以前中国人民的奋斗目标。党的十六大（2002年）报告提出要“扩大中等收入者比重”；十七大（2007年）报告指出，使大多数人成为中等收入者；十八大（2012年）进一步说明，“收入分配差距缩小、中等收入群体继续扩大、扶贫对象大幅减少”是我们的目标；党的十九大（2017年）报告宣告，在新时代，人民生活要“更为宽裕，中等收入群体比例明显提高”。“中等收入”是我们逐梦路上看得见并逐步可以实现的目标。本书作者作为统计人，面对“中等收入”命题，至少想弄明白三个问题：如何科学定义“中等收入”？如何准确识别“中等收入者”？如何完整测度“中等收入群体”的数量？与中等收入类似的是，比如如何看待“社会发展水平”的高低，也需要清楚社会发展包括哪些方面，如何看待社会发展的评价标准，如何测度社会发展水平的高低。还有很多：“全面建成小康”实现得如何？经济结构转型升级如何监测？现行农业普查制度的内容能够反映现代农业发展水平？我国未来二三十年经济潜在增长率可能为多大？这些都是很多人关心的问题。

真正的统计人是不打诳语的。谢邦昌教授常说："老鼠爱大米，统计人爱数据。"真实性是统计数据的生命。统计人，尤其是社会经济统计学者或实践者，对经济社会发展的状况或水平的定量描述与统计评价，恐怕是很难回避的任务，或者说就是我们要完成的历史使命。本书的形成，就是我们以严谨的态度，对数个我们感兴趣的经济社会问题，主要用统计学方法来研究而取得些微成果的再现。我们相信，我们的研究成果对相关决策或相关问题的认识有一定的积极意义。

本书的作者包括熊健益、梁冠立、王艳云、于静涵、屈兰乂、刘媛媛，褚金萍、秦茜同学参加了部分资料的搜集与整理工作。本书由熊健益负责统稿和总纂。

我们写作过程中参考了部分国内外公开发表及网络上有关文章，引用了一些观点，本书作者向这些著作、文章的作者表示敬意和由衷的感谢。

还要感谢成都信息工程大学统计学院的领导和老师对本书涉及课题研究的帮助，以及对我们工作的鼓励。

感谢中国财政经济出版社对本书出版的支持。特别感谢中国财政经济出版社的欧成君老师、吕小军老师对本书出版的大力帮助。

熊健益

2019 年 9 月于成都

目　录

基于“五大发展理念”的我国社会发展水平综合评价[①]

本文以“五大发展理念”为指导，以科学性、系统性、导向性与公平性结合、可获取性与创新性结合、基准性与动态性结合、客观指标为主、主观指标为辅作为基本原则，围绕经济建设、政治建设、文化建设、社会建设、生态文明建设等五个方面设置指标体系，采用综合指数法和聚类分析法，综合评价我国（总体）近几年和各省、自治区、直辖市2016年社会发展水平，并提出新时代进一步提高我国社会发展水平的政策建议。指标体系中，经济建设中的经济水平、创新投入、创新驱动、创新环境体现创新发展理念；经济建设中的城乡经济协调、城乡社会协调，体现协调发展理念；经济建设中的经济开放体现开放发展理念；政治建设、文化建设体现协调发展理念；社会建设体现共享发展理念；生态文明建设体现绿色发展理念。

一、研究概述

（一）研究背景

中共党的十八届五中全会提出实现“十三五”时期发展目标，破解发展难题，厚植发展优势，必须牢固树立并切实贯彻创新、协调、绿色、开放、共享的五大发展理念。为了将《中华人民共和国国民经济和社会发展第十三个五年规划纲要》落到实处，本文基于“五大发展理念”寻找适合我国社会发展水平的综合评价方法，对于丰富和完善社会发展水平的评价理论与方法具有

① 基金项目：2016年全国统计科研计划项目；作者：熊健益、于静涵、屈兰义、刘媛媛。

重要意义。将“五大发展理念”转化为科学全面的统计监测指标，能够综合衡量我国社会发展水平、了解我国社会发展的实际状况、寻找薄弱环节，同时为各地区经济社会发展提供指引，为各部门相关政策的制定与评判执行提供科学依据。

（二）文献综述

从现有成果看，国外有关组织、政府和学者对“五大发展理念”下“社会发展水平综合评价”的问题直接研究成果不多，但相关研究成果很多。

（1）构建指标体系评价社会发展水平。如经济合作与发展组织（OECD）社会指标体系（1980）①、世界银行社会指标体系（1978）、联合国可持续发展指标体系（1996）、联合国千年发展目标指标体系（2000）、日本社会指标体系（1979）、德国生活质量指标体系（2005）和英克尔斯社会现代化指标体系（1970）等。

（2）采用综合指标（指数）法评价社会发展水平。如 ASHA 指数、物质生活质量指数（PQLI）、人类发展指数（HDI）、社会进步指数（ISP）、真实进步指数（GPI）、美好生活指数（BLI）、经济福利尺度（MEW）和经济业绩指数（EPI）等。

国内学者和政府组织对“五大发展理念”的理解和对社会发展水平的综合评价进行了大量研究。（1）从研究内容看，自 2015 年 11 月以后，对“五大发展理念”的理解和解读数量很多，当然，也有一定深度的研究文章，如蔡昉（2015）的《践行五大发展理念全面建成小康社会》②。（2）从综合评价指标内容看，有以经济指标构建为主的研究，如韩兆洲（2011）③、云杉（2014）的研究④；有以社会指标构建为主的研究，如王文博（2006）的研究⑤，以及国家统计局的社会发展水平综合评价指标体系（2006）；也有兼顾

---

① Organization for Economic Cooperation and Development (OECD), Coreindicators for measuring development.

② 蔡昉：“践行五大发展理念全面建成小康社会”，《光明日报》2015 年 11 月 25 日。

③ 韩兆洲、黎中彦：“区域综合经济实力统计测度研究”，《广东商学院学报》2012 年第 3 期，第 10—18 页。

④ 云杉：“我国经济发展水平评价指标体系新探”，《人才资源开发》2014 年第 18 期，第 38—40 页。

⑤ 王文博、窦彩兰、张欣：“中国社会发展水平综合评价研究”，《统计与信息论坛》2006 年第 1 期，第 26—30、41 页。

经济和社会指标构建的研究，如鲜祖德（2011）[①]、苏为华（2012）[②] 的研究，以及国家统计局的“全面建成小康社会统计监测指标体系（2013）”。（3）从综合评价研究涉及地域看，有全国层面的，如李宏（2008）的研究[③]；有地区（区域）层面的，如王伟（2007）的研究[④]。（4）从综合评价研究的方法看，有常规的和非常规的，有单一的和组合的，还有多种赋权方法，如李红、朱建平（2012）的研究[⑤]。

国外的指标体系方法评价，覆盖面大、说明问题具体细致，但是指标浩瀚、没有“综合”。从国外的综合指标（指数）评价看，综合性强，说明问题直观，但指标内容太少，很难对社会发展水平做出全面确切的评价。国内研究使用指标体系作为综合评价的基础，指标的设置接近中国国情，内容广泛，但指标设置随意性大，学者给出的方法往往复杂，数据难获取，政府给出的评价指标变化更快。

国内外原有的研究成果已经不能科学地综合评价我国新时期社会发展的水平，主要表现为：（1）评价内容不全面。“五大发展理念”以前所未有的广度与深度提出了新时期社会发展的目标和要求，但是原有研究如国家统计局2006 年推出的《社会发展水平综合评价指标体系》，从人口发展、生活水平、公共服务、社会和谐方面构建指标，绿色发展、开放发展指标缺乏，创新发展、共享发展、协调发展特点不突出；2013 年的《全面建成小康社会统计监测指标体系》中开放发展指标缺乏，其他特点亦不够突出。（2）从定性到定量研究的转化亟待实现。“五大发展理念”的解读和定性研究已经普遍，但将其转化为定量指标的公认考核标准还没有出现在人们的视野。因此，本文将深度挖掘“五大发展理念”的科学内涵和外延需求，构建基于“五大发展理念”的我国社会发展水平综合评价指标体系，对我国社会经济发展综合水平进行定量分析，以期提出新时期提高我国社会综合发展水平的政策建议，为各部门相关政策的制定与执行提供科学依据。

---

① 鲜祖德：“综合发展指数（CDI）研究”，http：//www. nssc. stats. gov. cn。

② 苏为华、张崇辉、梁露：“浅谈社会经济综合发展水平的统计测度”，《中国统计》2012 年第 11 期，第 52—53 页。

③ 李宏：“我国经济社会发展综合评价指标体系研究”，《消费导刊》2008 年第 6 期，第 16—17 页。

④ 王伟：“中部六省社会经济发展综合评价指标体系研究”，《郑州牧业工程高等专科学校学报》2007 年第 3 期，第 47—49 页。

⑤ 李红、朱建平：“综合评价方法研究进展评述”，《统计与决策》2012 年第 9 期，第 7—11 页。

（三）研究思路与方法

1. 研究思路

本文按照“理论准备—方法构建—方法应用”的思路进行：研读已有研究成果，学习中国新常态与统计综合评价、描述经济增长、生活水平、国民素质与社会文明、生态环境、制度建设状况等相关知识，研究“五大发展理念”的科学内涵和对社会经济发展各方面的要求，构建指标体系和具体统计评价方法，进行实证分析，最后形成研究报告，如图1所示。

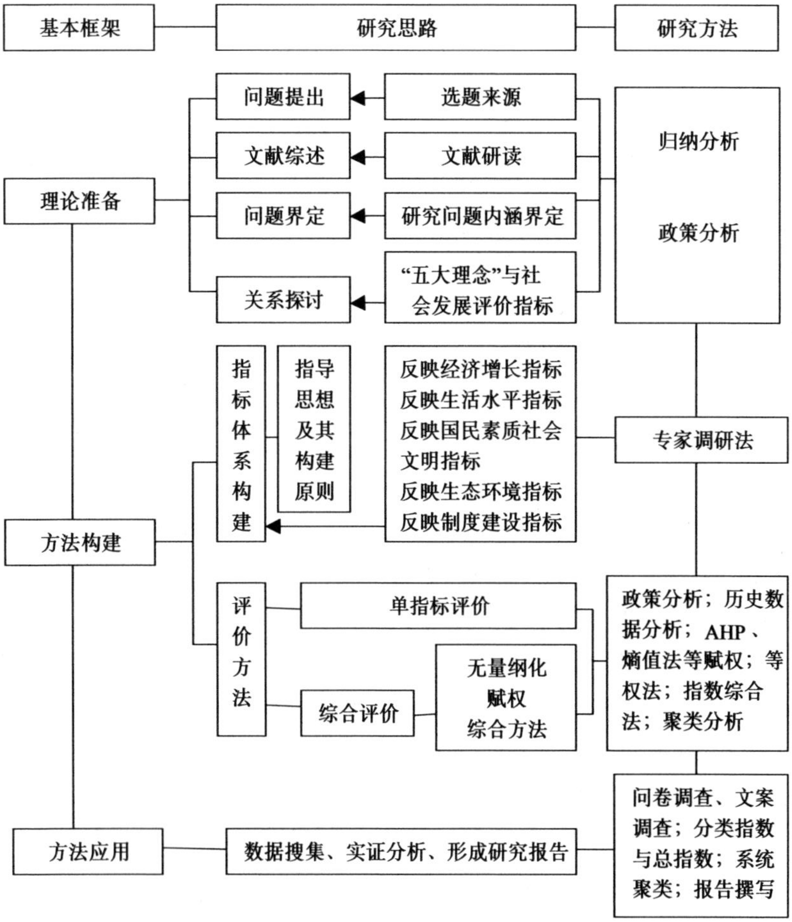

图1 研究框架、研究思路与研究方法简图

2. 研究方法

（1）文献归纳整理分析。采用文献查阅、整理分析方法梳理归纳中国基于“五大发展理念”的社会发展水平综合评价的有关范畴、特征、要求，研究原来相关研究成果存在的主要不足。

（2）理论研究与实证分析结合。“五大发展理念”的内涵及外延研究、新常态下我国社会经济发展特征的研究、“十三五”规划期间我国社会经济发展走势；全面建成小康社会的要求需要进行深入的理论研究和实证分析；构建的统计指标体系和综合评价方法能否客观科学评价我国新时期的社会发展水平，需要实证分析与理论研究结果一致性的检验。

（3）多种学科与研究方法相结合。设置科学合理的统计指标体系和对社会发展水平的综合评价需要社会学、经济学、生态学、管理学、人口学和统计学等多种学科知识与方法的结合；多种统计方法结合，如赋权时采用德尔菲法、层次分析法、熵值法、因子分析法等综合赋权；通过聚类分析，将反映基于“五大发展理念”的社会发展水平评价指标作为聚类变量计算聚类解，将各省自治区直辖市按社会发展水平进行分层归类，达到比较分析的目的。

二、“五大发展理念”的科学内涵和外延

“五大发展理念”是新时期我国社会发展目标、要求、手段和方法的总和，其内涵极其丰富，其外延分析与界定是本书中统计指标科学设置的基础工作。

（一）创新发展

创新发展就是要立足传统、突破传统、依托传统和推动变革。创新是发展的基点，是引领发展的第一动力。创新需要求真，实事求是，从无到有，从小到大，从旧到新。必须把创新摆在国家发展全局的核心位置，不断推进理论创新、制度创新、科技创新、文化创新等各方面创新，让创新贯穿党和国家一切工作，让创新在全社会蔚然成风。

（二）协调发展

协调发展就是要统筹兼顾、综合平衡，正确处理发展中的重大关系，补齐

短板、缩小差距，使各地区、各领域形成欣欣向荣、全面发展的景象。协调体现了发展的节奏，是持续健康发展的内在要求。应完善政治文明建设，遵循道德规范，履行道德义务和责任，优化民主政治、法制道德建设，促进政治良善发展，实现政治民主、清明的理想，形成优良的道德风尚，让人民生活有尊严。必须牢牢把握中国特色社会主义事业的政治方向，正确处理发展中的重大关系，重点促进城乡区域协调发展，促进经济社会协调发展，促进新型工业化、信息化、城镇化、农业现代化同步发展，在增强国家硬实力的同时，注重提升国家软实力。

（三）绿色发展

绿色发展就是要以人与自然和谐发展为价值取向，以绿色低碳循环为主要原则，促进生态文明建设。绿色是发展的底色，是永续发展的必要条件和人民对美好生活追求的重要体现。应以生态文明建设为立足点，深化、细化生态管理，改进生态治理，维护生态平衡，使人与自然和谐，实现绿色发展、可持续发展。必须坚持节约资源和保护环境的基本国策，坚持可持续发展，坚定走生产发展、生活富裕、生态良好的文明发展道路，加快建设资源节约型、环境友好型社会，形成人与自然和谐发展的现代化建设新格局，推进美丽中国建设，为全球生态安全做出新贡献。

（四）开放发展

开发发展就是要顺应把我国经济深度融入世界经济发展的趋势中，奉行互利共赢的开放战略。开放是发展的格局，是国家繁荣发展的必由之路。要坚持内外需协调、进出口平衡、引进来和走出去并重、引资和引技引、智并举，发展更高层次的开放型经济，积极参与全球经济治理和公共产品供给，提高我国在全球经济治理中的制度性话语权，构建广泛的利益共同体。必须丰富对外开放内涵，提高对外开放水平，协同推进战略互信、经贸合作、人文交流，努力形成深度融合的互利合作格局。

（五）共享发展

共享发展就是要坚持发展为了人民、发展依靠人民、发展成果由人民共享的原则，人民共享是发展的出发点和归宿。共享是发展的目标，是中国特色社会主义的本质要求。必须为人民共享做出更有效的制度安排。共享要求，推进公平正义，推进扶贫脱贫，缩小收入差距，推进区域城乡公共服务均等化，推进共同富裕，要求人人尽力、人人享有。

三、基于“五大发展理念”的我国社会发展水平综合评价指标体系构建

（一）构建原则

（1）全面性与科学性相结合。全面性：从经济增长、生活水平、国民素质与社会文明、生态环境和制度建设五个方面构建指标体系，充分体现《中共中央关于制定国民经济和社会发展第十三个五年规划的建议》中提出的全面建成小康社会新的目标要求；科学性：指标体系充分反映“五大发展理念”本质特征和对社会发展的根本要求。

（2）导向性与公平性相结合。导向性：综合评价的结果在很大程度上成为检验政策正确性和执行政策效果优劣的工具，因此评价指标的选择要具有导向性；公平性：考虑各地区社会发展水平差异，设置指标有利于促进社会发展水平的提高，兼顾政绩考核。

（3）可获取性与创新性相结合。可获取性：尽量用现有统计制度能提供的数据（国家统计局2006年推出的《社会发展水平综合评价指标体系》、2013年的《全面建成小康社会统计监测指标体系》、2014年的《基于需求的反映提质增效转型升级统计指标体系》是构建指标体系的重要参考资料）；创新性：根据“五大发展理念”设置新指标，克服原有指标的不足。

（4）可量化。“五大发展理念”的本质要求要尽可能量化，不便于量化部分暂不设置指标。

（5）客观指标为主，主观指标为辅。为了使评价结果客观科学，指标的选择以客观指标为主。

（二）具体指标构建

五大发展理念内涵丰富，外延宽广，涉及经济、社会、科技、生态、民生等多方面内容。本文遵循前文所述原则，以“五大发展理念”为前提，从经济增长、生活水平、国民素质与社会文明、生态环境和制度建设方面选取指标构建衡量社会发展的指标体系，设置3个层级，包含40个具有高度代表性的

指标。本文具体指标体系的构建参考已有专家学者的研究成果和政府组织已推出的指标体系，但内容有所扩展与调整，指标体系如表 1 所示。

表 1　社会发展水平综合评价指标体系

体现的发展理念	一级指标	二级指标	三级指标	指标方向
创新	经济建设 A	经济水平 A_1	人均 GDP（元）	+
			第三产业增加值占 GDP 比重（%）	+
		创新投入 A_2	R&D 经费支出占 GDP 比重（%）	+
			规模以上工业新产品开发经费支出（亿元）	+
			规模以上工业企业 R&D 人员全时全量（万人年）	+
		创新驱动 A_3	技术市场成交额占 GDP 比重（%）	+
			规模以上工业企业万人发明专利拥有量（件）	+
			规模以上工业新产品销售收入（亿元）	+
		创新环境 A_4	科技支出占公共财政支出比重（%）	+
			每 10 万人高等教育在校生数（人）	+
协调		城乡经济协调 A_5	基尼系数	-
			城乡居民养老保险覆盖率（%）	+
			居民城乡消费对比水平（农村居民=1）	-
		经济社会协调 A_6	城镇登记失业率（%）	-
			产品质量合格率（%）	+
			社会事业支出占公共财政支出的比重（%）	+
			亿元 GDP 安全生产事故死亡率（%）	-
开放		经济开放 A_7	外商投资总额（亿美元）	+
			年入境旅游人次（万人）	+
			一般贸易出口额占出口总额比重（%）	+
			服务贸易进出口额占对外贸易总额比重（%）	+
协调	政治建设 B	民主制度 B_1	民主建设满意度	+
		民主形式 B_2	法制建设满意度	+
		依法治国 B_3	政府领导政绩满意度	+
	文化建设 C	物质文明与精神文明协调 C_1	文化产业增加值占地区生产总值比重（%）	+
			公安机关立案的刑事案件数（件）	-
			人均公共图书册数（册）	+

续表

体现的发展理念	一级指标	二级指标	三级指标	指标方向
共享	社会建设 D	权益保障 D_1	基本医疗保险覆盖率（%）	+
			商品房平均销售价格（元/平方米）	-
		全面共享 D_2	交通事故死亡（人）	-
			每 10 万人在校学生人数（人）	+
			万人群众文化设施面积（平方米）	+
			互联网普及率（%）	+
绿色	生态文明建设 E	生态环境 E_1	空气质量达到二级以上天数占比（%）	+
			绿化覆盖率（%）	+
		绿色生产 E_2	万元 GDP 能耗（吨标准煤）	-
			万元 GDP 水耗（立方米）	-
			二氧化硫排放量（万吨）	-
		绿色生活 E_3	公共交通车辆拥有量（标台）	+
			人均公共交通客运量（人次）	+

注：“+”表示正向指标，“-”表示逆向指标。其中“基尼系数”、居民城乡消费对比水平（农村居民=1）、城镇登记失业率（%）本为适度指标，本文作为逆指标处理。

四、基于“五大发展理念”的我国社会发展水平综合评价方法与实证研究

（一）综合评价方法

1. 综合指数法

综合指数反映复杂总体的综合变动情况。本文使用以下公式计算综合指数：

$$K = \frac{\sum \frac{X_{ij}}{X_0} W_i}{\sum W_i}$$

其中 K 为综合指数；W 为权重；X 为指标值。

（1）指标同向处理。综合指数法要求指标必须同向。在社会发展指标体系中，基尼系数、居民城乡消费对比水平（农村居民=1）、城镇登记失业率

(%)、亿元国内生产总值(GDP)安全生产事故死亡率(%)、公安机关立案的刑事案件数(件)、商品房平均销售价格(元/平方米)、交通事故死亡(人)、万元 GDP 能耗(吨标准煤)、万元 GDP 水耗(立方米)、二氧化硫排放量(万吨)为逆指标,其余均为正指标。全部指标正向化,则需要逆指标数据处理时取倒数。

(2)数据无量纲化。为了消除各指标之间单位和数量级不同的影响,采用改进的极值标准化法,文中纵横数据都采用下列公式处理。

标准化值 = (实际值 - 最小值)/(最大值 - 最小值) ×40 +60

(3)指标赋权。一、二级指标采用不等权方法赋权,三级指标采用等权法。本文对一、二级指标采用层次分析法(AHP)赋权,从目标层开始赋权,逐层往下,直到最终层,并且对每层都进行"归一化"处理。为了确保权重的客观性,我们邀请多位专家对指标的重要性进行了判断,采用两两比较,得到一个相对重要性的判断值。构建判断矩阵时,为了避免判断矩阵多次通不过一致性检验,采用萨蒂(T. L. Satty)1—9 标度比例体系的改良方法、杜栋[①]提出的 0.1—0.9 标度比例体系法。一级指标判断矩阵如表 2 所示。

表 2　　一级指标判断矩阵及权重

	A	B	C	D	E
A	0.5	0.7	0.7	0.6	0.6
B	0.3	0.5	0.5	0.3	0.3
C	0.3	0.5	0.5	0.4	0.4
D	0.4	0.7	0.6	0.5	0.6
E	0.4	0.7	0.6	0.4	0.5
权重	0.2508	0.1500	0.1683	0.2242	0.2068

同样采用一级指标的赋权方法对二级各指标赋权,最终得到各二级指标的权重,对三级指标采用等权方法赋权,得到各三级指标权重。如表 3 所示。

表 3　　二、三级指标权重

二级指标	二级指标权重	各二级指标下三级指标权重
A1	0.0431	0.0216
A2	0.0324	0.0108

① 杜栋:"基于 0.1—0.9 标度的再研究",《系统工程与电子技术》2001 年第 23 期。

续表

二级指标	二级指标权重	各二级指标下三级指标权重
A3	0.0379	0.0126
A4	0.0324	0.0162
A5	0.0349	0.0116
A6	0.0372	0.0093
A7	0.0327	0.0082
B1	0.0535	0.0535
B2	0.0497	0.0497
B3	0.0468	0.0468
C1	0.1683	0.0561
D1	0.1008	0.0504
D2	0.1234	0.0309
E1	0.0598	0.0299
E2	0.0784	0.0261
E3	0.0685	0.0342

（4）合成指数。通过计算得到各年度分类指数（经济建设分类指数、政治建设分类指数、文化建设分类指数、社会建设分类指数、生态文明建设分类指数）和总指数（社会发展综合水平总指数）。

2. 聚类分析

本文采用系统聚类法，其基本方法是：先将各样本分别看成一类，然后规定类与类之间的距离，选择距离最小的一对合并成新的一类，计算新类与其他类之间的距离，再将距离最近的两类合并，这样每次减少一类，直至所有的样品合为一类为止。在选择聚类标准上采用类平均法中的组间联接。根据2016年各指标的无量纲化数据，我们对全国31个省、自治区、直辖市的社会发展水平进行聚类分析，观察各地区之间的差异。

（二）实证研究

1. 数据来源与处理

本书搜集了2010—2016年全国各指标数据和2016年全国31个省、自治区、直辖市的各项指标数据，数据来源于2011—2017年的《中国统计年鉴》、2010—2016年中国国民经济和社会发展统计公报，以及全国31个省、自治区、直辖市2017年统计年鉴与2016年国民经济和社会发展统计公报。

在全国数据中，由于《环境空气质量标准》（GB3095—2012）于2012年发布，并于2013年1月1日才开始监测空气质量，故2012年及以前年份的数据均无法获得，2010—2012年空气质量达到二级以上天数占比（%）以2013年的数据替代；从2011年起，规模以上工业企业的统计范围从年主营业务收入为500万元及以上的法人工业企业调整为年主营业务收入为2000万元及以上的法人工业企业，由于统计口径不一致，故用2011年规模以上工业新产品开发经费支出（亿元）代替2010年的数据。在省市数据中，天津市的亿元GDP安全生产事故死亡率（人/亿元）和万元GDP能耗（吨标准煤）两个指标的数据无法获取，故用其他30个省、直辖市的平均值替代；另外基尼系数、服务贸易进出口额占对外贸易总额比重（%）、文化产业增加值占地区生产总值比重（%）、公安机关立案的刑事案件数以及万人群众文化设施面积（平方米）这5个指标的数据不齐全，故在此暂不计算以上5个指标。

2. 综合评价结果

本文以2010年为基期，通过计算得到我国2010—2016年社会发展水平综合指数及年度增速，如表4、表5所示。

表4　社会发展水平综合指数　单位:%

一级指标指数	2010年	2011年	2012年	2013年	2014年	2015年	2016年
经济建设指数	100.00	109.67	119.31	129.02	135.12	141.93	156.19
政治建设指数	100.00	107.60	121.54	124.12	132.72	152.92	163.21
文化建设指数	100.00	115.48	119.27	118.45	124.96	124.41	138.79
社会建设指数	100.00	109.77	114.87	116.10	120.07	125.72	124.22
生态文明建设指数	100.00	116.52	125.58	133.12	143.92	152.23	165.39
社会发展水平总指数	100.00	111.78	119.94	124.46	131.50	139.12	149.05

表5　社会发展水平综合指数增速　单位:%

一级指标	2010年	2011年	2012年	2013年	2014年	2015年	2016年
经济建设指数	—	9.67	9.64	9.71	6.10	6.81	14.27
政治建设指数	—	7.60	13.94	2.58	8.60	20.20	10.29
文化建设指数	—	15.48	3.80	-0.82	6.51	-0.55	14.38
社会建设指数	—	9.77	5.10	1.23	3.97	5.64	-1.50
生态文明建设指数	—	16.52	9.06	7.55	10.80	8.31	13.15
社会发展水平总指数	—	11.78	8.16	4.52	7.04	7.63	9.92

（1）社会发展总体水平显著提升。2010—2016 年我国社会发展总指数逐年提升。社会发展水平总指数 2016 年比 2010 年提升了 49 个百分点，2010—2016 年分别增长 11.78%、8.16%、4.52%、7.04%、7.63% 和 9.92%，总指数增速显现出稳中向好的趋势，全社会在践行五大发展理念的力度与深度方面不断提高，更有效率、更高质量、更加公平的发展形势卓有成效。但要看到，从 2010 年到 2016 年各项分类指数都有所提升，但存在发展不平衡的问题。

（2）生态文明建设指数提升幅度最大。生态文明建设指数从 2010—2016 年提升了 65 个百分点，与其他分类指数相比提升幅度最大。生态环境指数增速最快的年份是 2011 年，其次是 2016 年。要注意到这两个年份分别是“十一五”规划与“十二五”规划的开端年，所以在践行生态文明建设方面的力度很大。近年来国家全力推进大气、水、土壤污染防治，持续加大生态环境保护力度，大力提倡绿色生活和生产，生态环境质量明显改善，生态文明建设被上升为国家战略，全社会对绿色发展理念的认识高度、实践深度、推进力度都有所提高。

（3）社会建设指数提升幅度最小。社会建设指数从 2010—2016 年虽然提升 24 个百分点，与其他分类指数相比提升幅度最小，2011—2015 年该指数的增速都为正，而 2016 年的增速为 -1.5%。究其主要原因，一是房价的持续上涨，加剧了社会财富分化，导致人民生活质量下降；二是交通事故死亡率上升。社会建设指数包括权益保障和全面共享两个方面，体现了共享的发展理念，共享发展理念应该切合社会心理、公众期盼，要紧紧围绕以人民为本的发展理念。

（4）经济建设指数发展稳中求进。经济建设指数从 2010—2016 年提升了 56.19 个百分点，年度增速分别为 9.67%、9.64%、9.71%、6.10%、6.81% 和 14.27%，经济发展稳中求进。近年来我国以经济建设为中心，深入推进改革，全力扩大开放，经济发展步入快车道，经济总量连上新台阶，综合国力和国际影响力都显著提高。经济增长指数主要体现了创新、协调、开放三个发展理念：近年来我国不断加大科技投入，持续壮大科技队伍，大力推进创新型国家建设，科技事业蓬勃发展，科技实力不断增强，创新驱动不断发展；党的十八大以来，以供给侧结构性改革为主线，加快推进经济结构战略性调整和转型升级，发展的协调性和可持续性不断增强。

（5）政治建设成就明显。政治建设指数从 2010—2016 年提升了 63 个百分点，民主法治建设迈出重要步伐。近年来我国深入推进科学立法、严格执法、公正司法、全民守法，法治国家、法治政府、法治社会建设，中国特色社会主义法治体系日益完善，全社会法治观念明显增强。国家监察体制改革试点取得实效，行政体制改革、司法体制改革、权力运行制约和监督体系建设效果显著。

（6）文化建设指数有待提升。文化建设指数从 2010 年到 2016 年提升了 38 个百分点，从年度增速看，发展不稳定。国民素质和社会文明是社会主义文化建设的重要方面，是全面建成小康社会战略全局的关键因素，也是当今全世界各国综合国力和国际竞争力的重要体现。当前，我们的国民素质和社会文明程度与发达国家还有一定的差距，尤其是社会秩序、社会风气方面还没有形成新的社会共识。文化建设指数有待提升，文化建设力度亟待加强。

（三）聚类结果及分析

本文通过 SPSS17.0 软件进行聚类分析，得到我国 31 个省、自治区、直辖市社会发展水平聚类结果，如图 2 所示。将 31 个地区的社会发展水平分成四类：

北京、上海、天津为第一类。该区域均为直辖市，它们具备各种经济、政治、文化及地理位置等多方面优势，各项指标均位于全国前列，且发展均衡，属于我国社会发展水平最高的区域。

江苏、浙江、广东为第二类。该区域均为沿海开放地区，在经济、政治、社会、文化建设等方面发展较好，但生态建设还有待提高，社会发展水平较高。

广西、贵州、云南、甘肃、青海、海南、宁夏、内蒙古、吉林、山西、黑龙江、新疆、辽宁、重庆、安徽、湖北、江西、湖南、四川、河北、陕西、山东、福建、河南为第三类。该区域内多为内陆地区，地理环境、政治条件、经济条件等对该区域内的社会发展水平有一定影响，属于我国社会发展水平一般的区域。

西藏为第四类。西藏自然资源丰富，但社会经济资源匮乏，人力资源缺乏，各项指标都比较落后，社会发展水平较低。

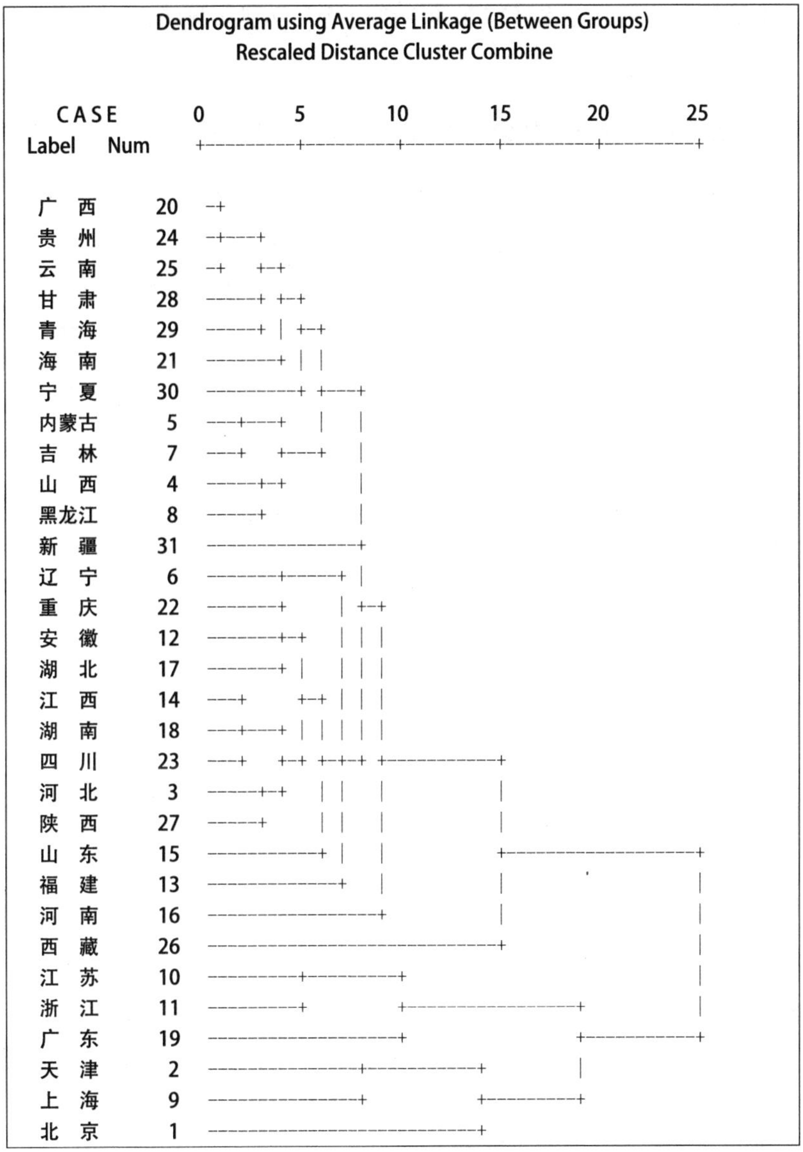

图 2 聚类树状图

五、新时期提高我国社会发展水平的政策建议

中国经济社会发展进入新时代，我国社会主要矛盾已经转化为人民日益增长的美好生活需要和不平衡不充分的发展之间的矛盾。为了提高我国社会发展

水平，本文针对当前社会发展存在的主要问题，分别从制度建设和社会治理两个方面提出以下建议：

（一）全面完善经济、社会、文化、政治、生态建设制度

一是在经济制度建设方面，要推进产权保护法治化，依法保护各种所有制经济权益；深化国有企业改革，完善现代企业制度；深化行政管理体制改革，进一步转变政府职能；清理和规范涉企行政事业性收费，减轻企业负担，完善公平竞争、促进企业健康发展的政策和制度。深化财税体制改革，建立健全现代财政制度，建立税种科学、结构优化、法律健全、规范公平、征管高效的税收制度，建立事权和支出责任相适应的制度，适度加强中央事权和支出责任；建立全面规范、公开透明预算制度，完善政府预算体系。

二是在社会建设制度方面，要加快形成科学有效的社会管理体制，完善社会保障体系，健全基层公共服务和社会管理网络，建立确保社会既充满活力又和谐有序的体制、机制，建立更加公平更可持续的社会保障制度；完善职工养老保险个人账户制度；全面实施城乡居民大病保险制度；围绕健康中国建设建立覆盖城乡的基本医疗卫生制度和现代医院管理制度。加强社会治理基础制度建设，建立国家人口基础信息库、统一社会信用代码制度和相关实名登记制度，落实重大决策社会稳定风险评估制度，完善社会矛盾排查预警和调处化解综合机制，加强和改进信访和调解工作，有效预防和化解矛盾纠纷。

三是在文化制度建设方面，要加快完善文化管理体制和文化生产经营机制，基本建立现代文化市场体系，健全国有文化资产管理体制，形成有利于创新创造的文化发展环境，对如何推动物质文明和精神文明协调发展做出制度安排。强调坚持“两手抓、两手都要硬”，坚持社会主义先进文化前进方向，坚持以人民为中心的工作导向，坚持把社会效益放在首位、社会效益和经济效益相统一，坚定文化自信，增强文化自觉，加快文化改革发展，加强社会主义精神文明建设，建设社会主义文化强国。同时，还要注重通过法律和政策向社会传导正确价值取向，要完善国家科技决策咨询制度，形成具有国际竞争力的人才制度优势。

四是在坚持和完善中国特色社会主义政治制度方面，要加强法治政府建设，依法设定权力、行使权力、制约权力、监督权力，依法调控和治理经济，推行综合执法，实现政府活动全面纳入法治轨道。深化司法体制改革，尊重司法规律，促进司法公正，完善对权利的司法保障、对权力的司法监督。弘扬社

会主义法治精神，增强全社会特别是公职人员尊法、学法、守法、用法观念，在全社会形成良好法治氛围和法治习惯。

五是在生态文明建设方面，要加快建立生态文明制度，健全国土空间开发、资源节约、生态环境保护的体制、机制，推动形成人与自然和谐发展现代化建设新格局，以提高环境质量为核心，实行最严格的环境保护制度，形成政府、企业、公众共治的环境治理体系。改革环境治理基础制度，建立覆盖所有固定污染源的企业排放许可制，实行省以下环保机构监测监察执法垂直管理制度。

（二）健全群众利益表达、利益协调、利益保护机制

目前，社会矛盾大多属于利益诉求。预防和化解社会矛盾，关键是要坚持维权和稳定相统一，健全维护群众利益的机制。只有这样，才能推进国家治理体系发展，提高社会治理现代化水平，为维护社会和谐稳定奠定坚实基础。

一是健全利益表达机制。畅通群众利益表达渠道，是密切党委和政府同群众联系、舒缓社会紧张关系的重要举措。要完善行政复议、仲裁、诉讼等法定诉求表达渠道，发挥人大、政协、人民团体、行业协会等利益表达功能。全面推行阳光信访，尽快实现国家信访信息系统全面联通，把网上信访打造成群众信访主渠道。积极推进网络参政议政，搭建党委和政府同群众沟通交流新平台。

二是健全利益协调机制。谋发展、搞建设，都要统筹好群众的现实利益和长远利益，兼顾好群众的个体利益和集体利益。要围绕涉及群众利益的事项，按照协商于民、协商为民原则，积极推动有关部门、单位多同群众商量，确保各项工作更好地顺乎民意。把社会稳定风险评估作为重大决策前置程序，努力使评估过程成为倾听民意、化解民忧、赢得群众理解支持的过程，预防和减少因决策不当引发的社会矛盾。

三是健全利益保护机制。当前，影响社会和谐稳定的突出问题大多是由损害群众利益问题引发的。要树立把改革发展成果更多惠及百姓的理念，围绕教育、就业、医疗、养老、住房等民生问题，办大事、办实事，让群众得到实惠、看到希望。发挥好司法救济功能，依法严厉打击农村土地征用、城镇房屋拆迁、企业改制等过程中损害群众利益的违法犯罪行为，确保群众权益受到公平对待，利益得到有效维护。

六、小结

本书基于“五大发展理念”构建衡量我国社会发展综合水平的统计指标体系，测算2010—2016年我国社会发展水平综合总指数，纵向对比了我国经济建设、社会建设、文化建设、生态文明建设和政治建设五个方面的发展速度，横向分析了2016年我国31个省、自治区、直辖市社会综合发展水平，并提出新时期关于制度建设和社会治理两方面的建议，以提高我国社会综合发展水平。同时，文章仍存在以下几点不足：政治建设方面缺少客观指标反映；部分指标数据无法获取；指标体系内三级指标涵盖范围不够全面等。在今后的研究中，会深入挖掘衡量政治建设的客观量化指标，极力搜集指标体系中所需数据，不断完善指标体系，使衡量我国社会综合发展水平的指标体系更加全面、准确。

四川省与全国同步全面建成小康社会研究[①]

本文以国家统计局推出的《全面建成小康社会统计监测指标（2013）》的全国统一标准及其权数为蓝本，基于数据的可获取性对指标与权数进行调整，根据总指数和分类指数的实现程度的差异判断四川省与全国全面建成小康社会的同步状况。研究表明：四川省全面建成小康社会的总体进程与全国还有一定差距，从实现程度的分类指数来看，资源环境指数一直领先于全国水平，但是其他四项分类指数均低于全国水平，尤其是文化建设指数和民主法制指数，与全国水平差距较大；要实现2020年全面建成小康社会的宏伟目标，关键在于提高或改善四川省人均GDP、R&D经费支出占GDP比重、城镇人口比重、有线广播电视入户率、地区人均基本公共服务支出差异系数、居民平均受教育年限和环境质量指数等指标水平。本文评价了四川省过去几年和全国全面建成小康社会进程的同步状况，并预测至2020年的未来几年四川省全面建成小康社会的实现程度。创新之处主要有两点：（1）全面建成小康社会实现程度与完成程度的分离，既保证了优势指标（完成较好的指标）的突出作用，又避免了掩盖劣势指标完成较差的状况。（2）设计了同步化指数，可以有效反映地区与全国全面建成小康社会进程的同步化程度。

一、研究概述

（一）研究背景与研究意义

党的十六大提出，“全面建设小康社会是党和国家到二〇二〇年的奋斗目

① 基金项目：2017年四川省哲学社会科学研究“十三五”规划项目；作者：熊健益、屈兰义、于静涵、刘媛媛。

标，是全国各族人民的根本利益所在”；十七大指出，“在十六大确立的全面建设小康社会目标的基础上对我国发展提出新的更高要求”；十八大再次强调，“确保到二〇二〇年实现全面建成小康社会宏伟目标”；十九大报告进一步吹响了我国新时代全面建成社会主义现代化强国的冲锋号，全面建成小康社会是第一个百年必须完成的奋斗目标，是完成第二个百年目标的坚实基础，从现在到 2020 年，“是全面建成小康社会的决胜期”。四川省是我国西部人口大省，经济社会发展处于相对落后状态，2017 年人均 GDP（39835 元）和居民人均可支配收入（18808 元）（分别位列第 24 位和第 23 位）处于全国中下游水平，从这个意义上讲，对四川省与全国同步全面建成小康社会进行研究具有非常重要的现实意义，因为即使 2020 年全国总体实现小康水平，但是诸如四川省等地区并未实现，也无法称之为全面建成小康社会。通过“同步建成”研究，可以发现四川省全面建成小康社会进程中的短板，进而找到相应攻克对策，通过未来两三年的努力奋斗，在 2020 年完成全面建成小康社会的伟大目标。

（二）国内外相关研究评述

“小康社会”相关概念是中国共产党在规划我国经济社会发展中创造性提出并逐步升级的。20 世纪 70 年代邓小平同志提出了建设“小康社会”的思想。这一思想后逐步成为中国共产党建设社会主义现代化的一个重要阶段性目标。党的十六大报告中对“全面小康社会”的内涵做了科学解释。2012 年党的十八大报告提出到 2020 年我国要“全面建成小康社会”。[①]

从现有成果看，我们没有发现国外有关组织、政府和学者对小康社会实现问题有直接研究成果，但相关研究成果很多。国外对“小康社会”没有明确的定义，类似的有偏向于对现代化问题的研究，大部分也是对社会经济发展水平的评价。这其中又分为两种：一是构建指标体系评价社会经济发展水平，如经济合作与发展组织（OECD）社会指标体系（1980）、世界银行社会指标体系（1978）、联合国可持续发展指标体系（1996）、联合国千年发展目标指标体系（2000）、日本社会指标体系（1979）、德国生活质量指标体系（2005）和英克尔斯社会现代化指标体系（1970）等；二是采用综合指标（指数）法

---

① 常远：“中国小康社会建设的新阶段解读——基于十六大以来的党代会报告的主题的视角”，选自《决策与信息》杂志社、北京大学经济管理学院、“决策论坛——管理科学与经营决策学术研讨会”论文集（上），《科技与企业》2016 年第 1 期。

评价社会经济发展水平，如 ASHA 指数、物质生活质量指数（PQLI）、人类发展指数（HDI）、社会进步指数（ISP）、真实进步指数（GPI）、美好生活指数（BLI）、经济福利尺度（MEW）和经济业绩指数（EPI）等。

我国政府对小康社会实现水平不断推出科学性与可操作性越来越强的评价标准。1991 年，国家统计局等部门联合制定了《全国小康生活水平基本标准》，从经济发展水平、物质生活条件、人口素质、精神生活和生活环境等方面，共计 16 个指标来评价和监测实现小康的进程。2002 年，国家有关部门参照国际上常用的衡量现代化的指标体系，并结合我国国情，提出了全面建设小康社会的 10 项基本标准。2008 年 6 月，国家统计局正式印发《全面建设小康社会统计监测方案》。2013 年，国家统计局推出《全面建成小康社会统计监测指标体系》，包括经济发展、民主法制、文化建设、人民生活、资源环境 5 个方面共 39 个指标。

国内学者对小康标准和评价等方面进行了不断探索。如曹玉书（2003）①、贺铿（2003）② 等提出全面建设小康社会的基本评价指标；胡鞍钢（2012）③ 设计了中国发展的八大定性和定量目标，共计 50 个可定量、可比较的时限性指标；李培林（2015）④ 提出着力解决全面建成小康社会的民生“短板”问题。近几年国内学者对同步建成全面小康问题进行了深入研究，如李晓园、陈武（2015）⑤ 探讨了江西省与全国同步建成全面“小康”社会的进程、难点与建议问题；邵雷鹏（2016）⑥ 研究广西壮族自治区实现与全国同步全面建成小康社会的对策研究；四川省农科院课题组（2015）研究了四川省与全国同步全面建成小康社会问题。

过去的研究尽管取得了可喜的成果，但是至少有三个方面还需要继续研究：（1）全面小康社会评价标准问题。学者们的出发点、关注问题的角度以及各地的具体情况不同，所建立的测评指标体系差异大，其评价结果也大相径庭。（2）“全国同步建成”比较对象问题。2020 年四川省达到全国总体平均水

① 曹玉书：“我国小康社会的定性定量分析”，《科学新闻》2003 年第 1 期。

② 贺铿：“关于小康社会的评价标准与监测方法讨论”，《统计研究》2003 年第 4 期。

③ 胡鞍钢：《2020 中国：全面建成小康社会》，清华大学出版社 2012 年版。

④ 李培林、朱庆芳：“全面建设小康社会的主要指标和发展目标”，《数据》2003 年第 10 期。

⑤ 李晓园、陈武：“江西与全国同步建成全面小康社会：进程、难点与建议”，《江西师范大学学报（哲学社会科学版）》2015 年第 1 期。

⑥ 邵雷鹏：“广西壮族自治区实现与全国同步全面建成小康社会的对策研究”，《沿海企业与科技》2016 年第 3 期。

平的规划值算“同步”，还是达到西部平均水平的规划值算“同步”？(3) 评价时效性问题。四川省农科院课题组的研究美中不足的一是有些指标的测评没有纳入，二是最新的数据时间是2012年，2013—2020年的数据使用的都是预测值，而现在2013—2017年的数据已经生成，任何预测研究都具有很多假定性，因此其研究结论需要修正。

(三) 本文研究的价值

2020年我国要达到全面建成小康社会的目标，未来3年左右是完成规划目标的决胜时期。因此，对四川省能否与全国同步全面建成小康社会目标的监测研究具有重要意义。通过本书的研究，可以观察四川省最近5年（2013—2017年）全面建成小康社会征程中与全国步调的吻合情况，从而发现其中的关键问题，为达成2020年四川省与全国同步建成全面小康社会目标提供科学依据。

二、理论准备和方法构建

(一) 相关概念辨析

1. 小康社会与全面“小康”社会

“小康”一词最早出自《诗·大雅·民劳》“民亦劳止，汔可小康”，原意是指生活比较安定的意思。1979年12月6日，邓小平在会见日本首相大平正芳时，根据我国经济发展的实际情况，第一次提出了“小康”概念以及在20世纪末我国达到“小康社会”的构想。他说：“我们要实现的四个现代化，是中国式的四个现代化。我们的四个现代化的概念，不是像你们那样的现代化的概念，而是‘小康之家’。到本世纪末，中国的四个现代化即使达到了某种目标，我们的国民总产值也还是很低的。要达到第三世界中比较富裕一点的国家的水平，比如国民生产总值人均1000美元，也还得付出很大的努力。”在这之后，他又多次提出这一构想。党的十二大正式引用了这一概念，并把它作为我国20世纪末的战略目标。在“小康社会”人民的生活达到“小康水平”，这是指在温饱的基础上，生活质量进一步提高，达到丰衣足食。

所谓全面小康社会，不仅仅是解决温饱问题，更是要从政治、经济、文化等各方面满足城乡发展需要。党的十六大报告中从我国的基本国情出发，深刻分析了20世纪初我国小康水平的特点：进入新世纪，我们只是刚刚跨入小康社会历史阶段的大门，处于小康社会的初期阶段。这时候我们所达到的小康，是低水平的、不全面的、发展很不平衡的小康。所谓低水平，就是虽然我国经济总量已经达到一定规模，但人均水平还比较低。所谓不全面，就是小康基本上还处于生存性消费的满足，而发展性消费还没有得到有效满足，社会保障还不健全，环境质量还有待提高。所谓发展很不平衡，是指地区之间、城乡之间，发展水平差距不小。全面小康社会就是更高水平的小康社会，具体就是六个“更加”：经济更加发展、民主更加健全、科教更加进步、文化更加繁荣、社会更加和谐、人民生活更加殷实。

2. 全面建设小康社会与全面建成小康社会

2002 年，党的十六大提出全面建设小康社会，“要在本世纪头二十年，集中力量，全面建设惠及十几亿人口的更高水平的小康社会”。2012 年，党的十八大又根据当时的实际，进一步提出了全面建设小康社会新要求，包括经济持续健康发展、人民民主不断扩大、文化软实力显著增强、人民生活水平显著提高，资源节约型、环境友好型社会建设取得重大进展，为人民描绘了一幅全面建成小康社会的清晰图景。从“全面建设小康社会”到“全面建成小康社会”，仅一字之差，“建设”体现的是过程，而“建成”体现的是结果，意味着到 2020 年，小康社会就要成为现实。全面建成小康社会的核心是“全面”，是要实现全国人民的共同小康、共同富裕，缩小东西部差距、城乡差距、高低收入人群差距。“建成”意味着东部和西部、城市和农村，到 2020 年要同步跨入小康，一个都不能少。“建成”还意味着不仅是经济指标，民主、民生、科技创新、文化软实力、资源环境等都要同步推进。

3. 建成小康社会与全国同步建成小康社会

全面建成小康社会是要在 2020 年达到全面小康社会的阶段性目标，各地区、各民族与全国同步建成小康社会是全面建成小康社会的必然要求。但是，我国是一个地区差异极大的发展中大国，各地区自然条件和区情特点千差万别，发展阶段迥然有异。习近平总书记在中央民族工作会议上指出：“同步进入小康不是同一水平的小康。”我们不能要求更不能硬性规定发展阶段有别、条件各异的不同地区，在同一时点、按照同一标准体系、达到同一水平的所谓“小康”。差距总是会存在的，要鼓励有条件的地区通过自身努力率先进入“小康”，但也要帮助和支持后发地区同步实现“小康”。同步“小康”，并不是指每个地区、每个民族、每个人都在同一时点达到同一水平和标准。因此，推进同步“小康”建设要实事求是，遵循客观规律，承认地区差距，正确认识和全面把握同步“小康”的科学内涵。

（二）全面建成小康社会评价指标体系

1. 指标来源

随着对小康社会认识的不断深化，评价小康社会进程的指标体系也在不断完善。本研究采用国家统计局2013年最新修改和完善的《全面建成小康社会统计监测指标体系》中的全国统一标准方案（见表1），对四川省及全国全面建成小康社会进程进行研究。该指标体系包括五个方面，即经济发展、民主法制、文化建设、人民生活和资源环境，共有39个监测指标，目标值是2020年各指标所要达到的目标。

表1 全国统一标准方案（全国及各地区统一目标值）

	监测指标		单位	权重	目标值
一、经济发展	1. 人均GDP（2010年不变价）		元	4.0	≥57000
	2. 第三产业增加值占GDP比重		%	2.0	≥47
	3. 居民消费支出占GDP比重		%	2.5	≥36
	4. R&D经费支出占GDP比重		%	1.5	≥2.5
	5. 每万人口发明专利拥有量		件	1.5	≥3.5
	6. 工业劳动生产率		万元/人	2.5	≥12
	7. 互联网普及率		%	2.5	≥50
	8. 城镇人口比重		%	3.0	≥60
	9. 农业劳动生产率		万元/人	2.5	≥2
二、民主法制	10. 基层民主参选率		%	3.5	≥95
	11. 每万名公务人员检察机关立案人数		人/万人	3.5	≤8
	12. 社会安全指数	每万人口刑事犯罪人数	%	4.0	=100
		每万人口交通事故死亡人数			
		每万人口火灾事故死亡人数			
		每万人口工伤事故死亡人数			
	13. 每万人口拥有律师数		人	3.0	≥2.3
三、文化建设	14. 文化及相关产业增加值占GDP比重		%	3.0	≥5
	15. 人均公共文化财政支出		元	2.5	≥200
	16. 有线广播电视入户率		%	3.0	≥60
	17. 每万人口拥有“三馆一站”公用房屋建筑面积		平方米	2.5	≥450
	18. 城乡居民文化娱乐服务支出占家庭消费支出比重		%	3.0	≥6

续表

	监测指标		单位	权重	目标值
四、人民生活	19. 城乡居民人均收入（2010 年不变价）		元	4.0	≥25000
	20. 地区人均基本公共服务支出差异系数		%	1.5	≤40
	21. 失业率		%	2.0	≤6
	22. 恩格尔系数		%	2.0	≤40
	23. 基尼系数		-	1.5	≤0.4
	24. 城乡居民收入比		—	1.5	≤2.8
	25. 城乡居民家庭住房面积达标率		%	2.0	≥60
	26. 公共交通服务指数	每万人拥有公共交通车辆	标车	2.0	=100
		行政村客运班线通达率	%		
	27. 平均预期寿命		岁	2.0	≥76
	28. 平均受教育年限		年	2.0	≥10.5
	29. 每千人口拥有执业医师数		人	1.5	≥1.95
	30. 基本社会保险覆盖率		%	3.0	≥95
	31. 农村自来水普及率		%	1.5	≥80
	32. 农村卫生厕所普及率		%	1.5	≥75
五、资源环境	33. 单位 GDP 能耗（2010 年不变价）		吨标准煤/万元	3.0	≤0.6
	34. 单位 GDP 水耗（2010 年不变价）		立方米/万元	3.0	≤110
	35. 单位 GDP 建设用地占用面积（2010 年不变价）		公顷/亿元	3.0	≤60
	36. 单位 GDP 二氧化碳排放量（2010 年不变价）		吨/万元	2.0	≤2.5
	37. 环境质量指数	PM2.5 达标天数比例	%	4.0	=100
		地表水达标率			
		森林覆盖率			
		城市建成区绿化覆盖率			
	38. 主要污染物排放强度指数	单位 GDP 化学需氧量排放强度	%	4.0	=100
		单位 GDP 二氧化硫排放强度			
		单位 GDP 氨氮排放强度			
		单位 GDP 氮氧化物排放强度			
	39. 城市生活垃圾无害化处理率		%	3.0	≥85

2. 指标说明与权数确定

本研究数据来源于 2011—2017 年《四川统计年鉴》，以及 2011—2017 年的《中国统计年鉴》。在研究过程中，有以下几点需要说明：

（1）由于四川省数据资料不齐全，基层民主参选率、每万名公务人员检察机关立案人数、社会安全指数、每万人口拥有“三馆一站”公共文化设施建筑面积、基尼系数、城乡居民家庭人均住房面积达标率、公共交通服务指数、单位 GDP 二氧化碳排放量这 8 个指标的数据无法获取，在研究时未纳入计算。同时，为保证与全国具有可比性，在研究全国全面小康进程中这 8 个指标也未纳入计算。因此，本研究的全面小康社会指标体系只涉及 31 个指标，其中包括 7 个逆指标，24 个正指标（见表 2）。

（2）在指标权数处理上，采用权重转移的方法，将未纳入计算指标的权重平均转移到其他指标上。在本研究中，保持 5 个方面各自的权重不变，将无法获取数据的指标权重平均分配给该方面中的其余指标。例如，文化建设方面共有 5 个指标，权重为 14，其中每万人口拥有“三馆一站”公共文化设施建筑面积的数据无法获取，该指标在指标体系中的权重为 2.5，文化及相关产业增加值占 GDP 比重、人均公共文化财政支出、有线广播电视入户率、城乡居民文化娱乐服务支出占家庭消费支出比重这 4 个指标的权重分别为 3、2.5、3、3，将每万人口拥有“三馆一站”公共文化设施建筑面积的权重平均分配给其余指标，即其余指标在原有的权重基础上分别增加 0.625，调整之后这 4 个指标权重分别为 3.625、3.125、3.625 和 3.625（见表 2）。

表 2　　权重调整后的全面小康社会指标体系

	监测指标	单位	权重	目标值	指标方向
经济发展（22）	1. 人均 GDP（2010 年不变价）	元	4	≥57000	正
	2. 第三产业增加值占 GDP 比重	%	2	≥47	正
	3. 居民消费支出占 GDP 比重	%	2.5	≥36	正
	4. R&D 经费支出占 GDP 比重	%	1.5	≥2.5	正
	5. 每万人口发明专利拥有量	件	1.5	≥3.5	正
	6. 工业劳动生产率（2010 年不变价）	万元/人	2.5	≥12	正
	7. 互联网普及率	%	2.5	≥50	正
	8. 城镇人口比重	%	3	≥60	正
	9. 农业劳动生产率（2010 年不变价）	万元/人	2.5	≥2	正
民主法制（14）	10. 每万人拥有律师数	人	14	≥2.3	正

续表

	监测指标	单位	权重	目标值	指标方向
文化建设（14）	11. 文化产业增加值占 GDP 比重（%）	%	3.625	≥5	正
	12. 人均公共文化财政支出（2010 年不变价）	元	3.125	≥200	正
	13. 有线广播电视入户率	%	3.625	≥60	正
	14. 城乡居民文化娱乐服务支出占家庭消费支出比重	%	3.625	≥6	正
人民生活（28）	15. 城乡居民人均收入（2010 年不变价）	元	4.5	≥25000	正
	16. 地区人均基本公共服务支出差异系数	%	2	≤40	逆
	17. 失业率	%	2.5	≤6	逆
	18. 恩格尔系数	%	2.5	≤40	逆
	19. 城乡居民收入比	—	2	≤2.8	逆
	20. 平均预期寿命	岁	2.5	≥76	正
	21. 平均受教育年限	年	2.5	≥10.5	正
	22. 每千人口拥有执业医师数	人	2	≥1.95	正
	23. 基本社会保险覆盖率	%	3.5	≥95	正
	24. 农村自来水普及率	%	2	≥80	正
	25. 农村卫生厕所普及率	%	2	≥75	正
资源环境（22）	26. 单位 GDP 能耗（2010 年不变价）	吨标准煤/万元	3.33	≤0.6	逆
	27. 单位 GDP 水耗（2010 年不变价）	立方米/万元	3.33	≤110	逆
	28. 单位 GDP 建设用地占用（2010 年不变价）	公顷/亿元	3.33	≤60	逆
	29. 环境质量指数	—	4.33	100	正
	30. 主要污染物排放强度指数	—	4.33	100	正
	31. 城市生活垃圾无害化处理率	%	3.33	≥85	正

注：本文研究中把区间适度指标——地区人均基本公共服务支出差异系数、失业率、城乡居民收入比作逆指标处理。

（3）为了消除价格因素影响，除了国家统计局 2013 年发布的《全面建成小康社会统计监测指标体系》中人均 GDP、单位 GDP 能耗、单位 GDP 水耗、单位 GDP 建设用地占用要按 2010 年不变价计算以外，在本研究中，工业劳动生产率（万元/人）、农业劳动生产率（万元/人）、城乡居民人均收入（元）也按2010年不变价计算。

（4）复合指标环境质量指数中的PM2.5达标天数比例暂无数据，用城市空气质量达到二级以上天数占全年比重代替。由于国家《环境空气质量标准》（GB 3095—2012）于2012年发布，并于2013年1月1日才开始监测空气质量，故四川省及全国2012年及以前年份的数据均无法获得，2010年至2012年空气质量达到二级以上天数占全年比重均用2013年数据代替。

3. 实证分析思路与方法

（1）四川省全面建成小康社会进程分析。以2013年国家统计局推出的全面建成小康社会统计监测指标方案一（全国统一标准方案）目标值为标准，计算四川省及全国2010年、2011年、2012年、2013年、2014年、2015年、2016年的小康社会指数及其分类指数（经济发展指数、民主法制指数、文化建设指数、人民生活指数、资源环境指数），并分别计算实现程度指数和完成程度指数。

实现程度指数和完成程度指数都是由计划完成相对数加权平均而得到，两者的区别在于：实现程度指数是指单项指标的个体指数大于100%的，只取100%计算，最后计算出来的总指数称小康实现程度指数。完成程度指数是指单项指标的个体指数大于100%的，按实际水平参与计算，最后计算出来的总指数称小康完成程度指数。

实现程度指数能清楚地反映全面小康建设中哪些方面已经达到目标，哪些方面仍是短板，侧重于体现短板方面。而完成程度指数则侧重于体现发展较快较好的方面，同时也能凸显各级政府部门在这些方面的努力成果。但是小康完成程度指数没有消除超额完成指标对未完成指标的影响，或许在总体上达到了小康水平，但从个体指标来看，发展还不均衡，其中一部分指标超额完成，而一部分指标的完成程度甚至还未达到60%以上。

（2）四川省全面建成小康社会与全国总体水平对比分析。首先计算2010—2016年全国小康实现程度指数及分类指数（经济发展指数、民主法制指数、文化建设指数、人民生活指数、资源环境指数）；其次将四川省与之比较计算“同步化指数”，观察分析四川省与全国总体水平的差距和同步化程度。

（3）四川省全面建成小康社会进程预测分析。本研究采用的预测方法是平均发展速度法，预测四川省2017—2020年全面建成小康社会各规划指标达到水平，进而计算小康社会实现程度指数及分类实现程度指数的预测值。该方法能消除历史数据的起伏变化，反映出事物发展的总体水平。主要步骤：①计算出历史数据的环比发展速度；②根据环比发展速度求几何平均数，作为预测期发展速度；③以本期的历史数据为基期乘以平均发展速度作为预测值。

（4）四川省与全国同步全面建成小康社会的重点与难点分析。通过前述3点的比较分析与预测分析，结合四川省情，总结四川省与全国同步全面建成小康社会的重点与难点问题。

（5）四川省与全国同步全面建成小康社会的对策建议。针对四川省与全国同步全面建成小康社会的差距、重点和难点，提出有效的对策建议，以期望2020年四川省能与全国同步全面建成小康社会。

（6）单项指数、分类指数和总指数的计算。用指数及其比较反映同步化程度、全面建成小康社会实现程度。其中指数分为单项指数、分类指数与总指数，分类指数和总指数均是由单项指数加权平均得到。该指标体系的31个指标中，有24个正指标，7个逆指标，指标检测体系的计算方法如下：

①单项指数 z_i 的计算方法为：

$$\text{正指标的 } z_i = \begin{cases} x_i/x_{i1} \times 100\%, & \dfrac{x_i}{x_{i1}} < 1 \\ 100\%, & \dfrac{x_i}{x_{i1}} \geqslant 1 \end{cases}$$

其中：x_i 为实际值；x_{i1} 为标准值（规划值）。

$$\text{逆指标的 } z_i = \begin{cases} x_i/x_{i1} \times 100\%, & \dfrac{x_{i1}}{x_i} < 1 \\ 100\%, & \dfrac{x_{i1}}{x_i} \geqslant 1 \end{cases}$$

其中：x_i 为实际值；x_{i1} 为标准值（规划值）。

②分类指数 F_j 的计算方法为：

$$F_j = \sum_{i=m_j}^{n_j} w_i z_i \Big/ \sum_{i=m_j}^{n_j} w_i$$

F_j 为第 j 类分类指标；$\sum_{i=m_j}^{n_j} w_i$ 为第 j 类目标值权数之和。

③全面建成小康社会总指数 F 的计算方法为：

$$F = \sum_{i=1}^{31} w_i z_i$$

三、实证研究

（一）四川省全面建成小康社会进程分析

1. 四川省小康实现程度分析

从小康实现情况来看，自2010年以来四川省小康实现程度指数不断提升，2010年从68.32%起步，2014年突破80%，达到82.65%，2016年实现新的突破，达到87.88%。从2010—2016年，四川省小康实现程度指数提升了19.56个百分点，年均提升3.26个百分点。但是，随着实现程度指数的不断提高，增长速度不断放缓，2012年增幅最大，提升了4.85个百分点，而2016年提升幅度最小，仅有2.29个百分点。近4年来，实现程度指数提升幅度逐渐变小，提升速度逐渐放缓，全面建成小康社会进程呈现出缓中趋稳的态势。

2016年四川小康实现程度指数为87.88%，距离100%全面实现小康社会的目标还差12.12个百分点，剩余4年时间年均还需提高3.03个百分点。如果按照现在的发展速度，四川省将无法在2020年实现全面建成小康社会的目标，但若能保持2010年以来7年间年均提升3.26个百分点左右的发展速度，四川省能够在2020年实现与全国同步全面建成小康社会的目标任务（见表3、表4）。

表3 2010—2016年四川省小康实现程度指数 单位:%

年份	2010	2011	2012	2013	2014	2015	2016
经济发展指数	62.64	67.70	71.93	75.27	78.81	82.94	85.82
民主法制指数	50.26	54.17	60.66	66.69	74.64	82.28	87.79
文化建设指数	68.53	72.04	77.99	82.10	81.72	80.77	78.91
人民生活指数	73.57	76.54	80.50	81.97	84.50	85.68	86.90
资源环境指数	78.69	79.15	84.00	87.44	90.18	93.32	96.96
小康实现程度指数	68.32	71.41	76.26	79.58	82.73	85.59	87.88

表4 2010—2016年四川省小康实现程度指数增速 单位:%

年份	2010	2011	2012	2013	2014	2015	2016
经济发展指数	—	5.06	4.24	3.34	3.53	4.13	2.88
民主法制指数	—	3.90	6.49	6.03	7.95	7.64	5.51
文化建设指数	—	3.51	5.95	4.10	-0.38	-0.95	-1.86

续表

年份	2010	2011	2012	2013	2014	2015	2016
人民生活指数	—	2. 97	3. 96	1. 46	2. 53	1. 17	1. 23
资源环境指数	—	0. 46	4. 85	3. 44	2. 74	3. 14	3. 64
小康实现程度指数	—	3. 08	4. 85	3. 32	3. 15	2. 87	2. 29

从2010—2016年各领域分类指数变化趋势看，资源环境指数实现程度最高，在2014年突破了90%达到90. 18%，在2016年突破95%达到96. 96%，从2010年到2016年增长了18. 27个百分点，年均增长3. 04个百分点。民主法制指数起点最低，但提升速度最快，从2010年的50. 26%到2016年的87. 79%，增长了37. 53个百分点，年均增长6. 25个百分点。经济发展指数起点较低，提升速度较快，从2010年的62. 64%到2016年的85. 82%，增长了23. 18个百分点，年均增长3. 86个百分点，提升速度仅次于民主法制指数。人民生活指数增长了13. 33个百分点，年均增长2. 22个百分点。文化建设指数构成明显短板，2010年为68. 53%，到2016年为78. 91%，与其他指数差距较大，从2014年到2016年增速为负，2010—2016年均仅增长1. 73个百分点。

从具体指标来看，在实际监测的31个指标中，2016年实现程度达到100%的指标有14个，比2015年增加2个，比2010年增加9个；实现程度在90%—100%的指标有3个，与2015年持平，比2010年增加1个；实现程度在80%—90%的指标有7个，比2015年减少1个，比2010年增加1个；实现程度在70%—80%的指标有2个，比2015年减少2个，与2010年持平；实现程度在60%—70%的指标有3个，与2015年持平，比2010年减少3个；实现程度在60%以下的指标有2个，比2015年增加1个，比2010年减少6个。与2015年相比，除了城乡居民文化娱乐服务支出占家庭消费支出比重指标和平均受教育年限指标实现程度有所下降外，有17个指标实现程度均有所提高，另外12个指标在2015年就达到了100%，并在2016年继续保持。

2. 四川省小康完成程度分析

从小康社会完成程度来看，四川省小康完成程度指数从70. 67%提升到96. 08%，提升了25. 41个百分点，年均增长4. 24个百分点，其中2016年提升了4. 87个百分点。按照现在的发展速度和完成程度，四川省小康完成程度指数在2017年就能达到100%。从四川省小康社会完成程度分类指数来看，资源环境指数超额完成，在2013年突破90%，达到90. 9%，在2016年就达到了100%，并突破110%达到111. 19%，年均增长5. 31个百分点。人民生活指数在2014年突破90%，在2016年达到93.95%，年均增长2.71个百分点。经济发展指数起点较低，在2010年为63.47%，在2016突破90%，达到92.61%，年均增长4.86个百分点。民主法制指数起点最低，在2010年为50.26%，在2016年达到87.79%，与其他指数差距较大（其他指数在2016年均达到了90%以上）。文化建设指数在2012年、2013年分别比上年增长了7.77个、7.86个百分点，在2014年突破90%，达到94.71%，但近3年该指数逐年下降，到2016年降到90.39%。

小康完成程度指数能反映发展较好的方面，凸显各级政府部门在全面建成小康社会过程中的努力成果。在2016年，实现超额完成的指标有14个，比2015年增加2个，比2010年增加9个，其中有11个指标完成程度超过110%，有6个指标完成程度超过120%。在2016年完成程度小于60%的指标有2个，比2015年增加1个，比2010年减少9个（见表5、表6）。

表5　　2010—2016年四川省小康完成程度指数　　单位:%

年份	2010	2011	2012	2013	2014	2015	2016
经济发展指数	63.47	68.81	74.01	78.39	82.37	87.16	92.61
民主法制指数	50.26	54.17	60.66	66.69	74.64	82.28	87.79
文化建设指数	74.69	79.07	86.85	94.71	92.85	93.12	90.39
人民生活指数	77.71	80.68	84.82	86.46	90.41	92.37	93.95
资源环境指数	79.33	79.75	84.59	90.90	95.57	98.26	111.19
小康完成程度指数	70.67	73.93	79.29	84.05	87.91	91.21	96.08

表6　　2010—2016年四川省小康完成程度指数增速　　单位:%

年份	2010	2011	2012	2013	2014	2015	2016
经济发展指数	—	5.35	5.19	4.39	3.98	4.79	5.45
民主法制指数	—	3.90	6.49	6.03	7.95	7.64	5.51
文化建设指数	—	4.38	7.78	7.86	-1.86	0.27	-2.73
人民生活指数	—	3.03	4.10	1.57	3.73	1.90	1.51
资源环境指数	—	0.42	4.84	6.31	4.67	2.69	12.92
小康完成程度指数	—	3.28	5.35	4.74	3.80	3.29	4.85

3. 四川省全面建成小康社会分析与评价

（1）经济发展稳中有进，综合实力显著提升。2016年，四川省全面建成小康社会经济发展指数实现程度为85.82%，比上年提高2.88个百分点，比

2010 年增长了 23.18 个百分点。2016 年经济发展指数 9 项指标中有 3 项指标实现程度已经达到 100%，且完成程度均超过 110%。

人均 GDP 稳步提高，但与全面建成小康社会目标差距较大。2010 年四川省人均 GDP 超过 2 万元，2013 年超过 3 万元，2016 年达到 39695 元（当年价格），是 2010 年的 1.9 倍。按 2010 年不变价计算，2016 年人均 GDP 为 37505.5 元，距离全面建成小康社会目标值的 57000 元还有较大差距。2016 年人均 GDP 的实现程度为 65.8%，是经济发展方面实现程度最低的指标。与 2015 年相比，人均 GDP 的实现程度提升了 4.28 个百分点，比 2010 年提升了 28.64 个百分点，年均提升 4.77 个百分点，实现稳步增长。如果要在 2020 年达到全面建成小康社会目标值，人均 GDP 需要保持年均增长 11.3% 的速度，但若按照 2020 年比 2010 年翻番的目标测算，2010 年四川省人均 GDP 为 21181.6 元，则 2020 年需要达到 42363.2 元，人均 GDP 需要年均增长 7.18%，剩余 4 年需要年均增长 3.1%。

产业结构持续优化，转型升级步伐加快。2016 年四川省第一产业增加值 3924.1 亿元（按当年价格），同比增长 3.8%；第二产业增加值 13924.7 亿元（按当年价格），同比增长 7.5%；第三产业增加值 14831.7 亿元（按当年价格），同比增长 9.1%，第三产业增加值首次超过第二产业，产业结构优化升级成效明显。2016 年第三产业增加值占 GDP 比重达到 45.38%，比上年提高 3.9 个百分点，比 2010 年提高 14 个百分点；第三产业增加值占 GDP 比重的实现程度为 96.56%，比上年增加 3.62 个百分点，年均增长 1.98 个百分点。若按照 2016 年的发展速度，第三产业增加值占 GDP 比重的实现程度在 2017 年就能达到 100%。

国民经济增长动力不断发展。自 2010 年以来，四川省居民消费支出占 GDP 比重一直保持着较高水平，实现程度一直保持在 100%。2016 年四川省居民消费支出占 GDP 比重为 40.37%，比上年增加 0.19 个百分点，比 2010 年增加 1.74 个百分点。

科技创新能力增强，科技创新环境得到改善，但还需加大投入力度。2016 年，四川省研发（R&D）经费支出占 GDP 比重达到 1.72%，比 2010 年增长 0.15 个百分点，年均增长 1.5 个百分点，距离全面建成小康社会的目标值还差 0.78 个百分点；R&D 经费支出占 GDP 比重的实现程度为 68.8%，在经济发展方面的指标中排名倒数第二，与全面小康目标差距较大。若要在 2020 年达到目标，未来 4 年里 R&D 经费支出占 GDP 比重要保持 9.8% 的增长速度。

每万人口发明专利拥有量达到 4.49 件，比上年增加 0.96 件，增长 27.1 个百分点，比 2010 年增加 3.68 件，是 2010 年的 5.6 倍；每万人口发明专利拥有量的实现程度在 2015 就已经达到 100%，2016 年每万人口发明专利拥有量的完成程度达到 128.2%，科技创新能力不断增强。互联网普及率达到 43.6%，比 2010 年增加 19.2 个百分点；互联网普及率的实现程度为 87.2%，比 2010 年提升 38.40 个百分点，年均提升 6.4 个百分点。若按照过去 7 年的平均发展速度测算，互联网普及率实现程度将在 2018 年达到 100%。互联网普及率的提高极大地改善了科技创新环境，从而促进了经济进一步发展。

劳动生产率稳步提升，但农村发展滞后，农业劳动生产率还需进一步提高。2016 年，四川省工业劳动生产率为 15.68 万元/人，比 2010 年增加 5.52 万元/人，超过全面建成小康社会的目标值，工业劳动生产率实现程度在 2011 年就已经达到 100%。2016 年，四川省农业劳动生产率为 1.7 万元/人，比 2010 年增加 0.55 万元/人，年均增长 3.34%；农业劳动生产率实现程度为 85.81%，比 2010 年提升了 27.08 个百分点与全面建成小康社会目标差距 14.19 个百分点。若要在 2020 年达到全面建成小康社会目标值（2 万元/人），四川省农业劳动生产率要在未来 4 年保持年均 5.1% 的增长速度。

城镇化建设不断推进，但发展不均衡问题突出。2016 年，四川省城镇人口比重为 49.20%，比 2010 年增加 9.02%，城镇人口比重的实现程度为 82%，比 2010 年提升 15.03 个百分点，年均提升 2.5 个百分点，与全面小康目标还有较大差距。若要在 2020 年达到全面小康目标值，在未来 4 年里，四川省城镇人口比重必须保持年均增加 2.7 个百分点。同时，城镇化的发展不均衡问题突出，成都、攀枝花这样一些发展较快的城市城镇化率达到 65% 以上，而甘孜藏族自治州、凉山彝族自治州的城镇化率仅仅只有 30% 左右。

（2）民主法制建设需要持续发力。全面建成小康社会，不仅要实现物质文明的小康，也要实现社会公平正义的小康，民主法制建设还需要持续发力。2016 年四川省每万人拥有律师数为 2.02 人，比 2010 年增加 0.86 人，增加了 74.7%；2016 年每万人拥有律师数的实现程度为 87.79%，比 2010 年提升了 37.53 个百分点，年均每年提升 6.25 个百分点。若按照过去 7 年的平均发展速度测算，每万人拥有律师数的实现程度将在 2018 年达到 100%。

（3）文化建设有待强化。2016 年，四川省全面建成小康社会文化建设指数实现程度为 78.91%，在 5 项分类指数中，该指数的实现程度排名最低。与其他分类指数不同的是，该分类指数并不是从 2010—2016 年都保持上升的过程，在2013年突破80%，达到82.1%，在之后的4年里，呈现出递减的趋势，从指标层面看，其主要原因是近年来有线广播电视入户率的下降。

文化产业发展、公共文化投入与全面建成小康社会目标差距都较大，文化建设有待进一步强化。2016年，文化产业增加值占GDP比重4.02%，比2010年增加1.13个百分点，实现程度为80.4%，与全面建成小康社会目标差距19.6个百分点。若要在2020年达到全面建成小康社会目标，未来4年需要保持年均增长0.25%的发展速度。人均公共文化财政支出为151元，比2010年增加78.1元，实现程度为75.63%，与全面建成小康社会目标差距24.37个百分点，比2010年提升39.1个百分点，年均提升6.5个百分点，若要在2020年达到全面建成小康社会目标，在未来4年里，需要达到年均增长7.3%的增长速度。有线广播电视入户率为35.5%，比2010年减少9.7个百分点，实现程度为59.17%，与全面建成小康社会目标差距40.83个百分点。城乡居民文化娱乐服务支出占家庭消费支出比重为8.66%，比2010年增加1.23个百分点。自2010年以来，城乡居民文化娱乐服务支出占家庭消费支出比重一直处于较高水平，早在2010年就已经达到全面建成小康社会的目标。

（4）人民生活质量提高，区域协调发展进程还需加快。2016年，四川省全面建成小康社会人民生活指数实现程度为86.9%，比2010年提升了13.33个百分点，年均提升2.22个百分点，该分类指数11个指标中有6个指标实现程度达到100%，其中有4个指标的完成程度大于110%。

人民生活水平进一步改善，但与全面建成小康社会目标差距较大，关键在于提升农村居民收入。2016年城乡居民人均收入（2010年不变价）达到16837.7元，比上年增长7.9个百分点，比2010年增长81.9个百分点，实现程度为67.35%，与全面建成小康社会目标差距32.65个百分点，差距较大。城乡居民人均收入的实现程度距离100%尚有一段距离，按照现在的发展速度测算，到2020年不能达到全面建成小康社会的目标。在未来4年里，四川省城乡居民人均收入必须要保持年均增长10.4%的发展速度才能在2020年达到全面建成小康社会的目标。其中城镇人均可支配收入（2010年不变价）为24302.1元，比上年增长6.1%，比2010年增加8841.1元，增长了57.2%；农村居民人均可支配收入（2010年不变价）为9608.5元，比上年增长7.3%，比2010年增加4521.6元，增长了88.9%。实现全面建成小康社会的目标，关键在于提升农村居民人均可支配收入，从而提升居民整体收入水平。

公共服务均等化逐步推进，但还需加大力度。2016 年，四川省地区人均基本公共服务支出差异系数 73.32%，比 2010 年上升了 2.85 个百分点，实现程度 54.56%，与全面建成小康社会目标差距 45.44 个百分点，差距较大。在参与测算的 31 个指标中，该指标的实现程度排名最低，公共服务均等化还需加大力度。四川省失业率自 2010 年以来一直保持在 4% 左右，实现程度一直保持在 100%。2016 年每千人口拥有执业医师数为 2.2 人，比 2010 年增加 0.6 人，增加了 37.5%，实现程度在 2012 年达到 100%，2013 年降到 97.34%，2014 年又达到 100%，近 3 年一直保持着 100%，并且近 3 年的完成程度一直保持在 110% 以上。2016 年基本社会保险覆盖率达到 80.53%，比上年增加 1.31 个百分点，比 2010 年增加 21.14 个百分点，年均增加 3.52 个百分点，实现程度 84.77%，比上年提升 1.37 个百分点，比 2010 年提升 22.25 个百分点，年均提升 3.7 个百分点。若要达到 2020 年的全面建成小康社会的目标，在未来 4 年里，需要努力使基本社会保险覆盖率年均增加 4.86 个百分点。

城乡居民收入差距逐步缩小。2016 年城乡居民收入比（以农为 1）为 2.53，比 2010 年降低 0.51，实现程度在 2013 年达到 100%，在 2016 年完成程度达到 110.71%，城乡居民收入差距逐步缩小。

人民生活质量得到改善，人口素质还需全面提升。2016 年，四川省恩格尔系数为 36.33%，比 2010 年下降 8.41 个百分点，实现程度在 2014 年就达到 100%，2016 年恩格尔系数的完成程度达到 110.1%。2016 年平均预期寿命为 76.62 岁，比 2010 年增加 1.87 岁，实现程度在 2014 年就已达到 100%。2016 年平均受教育年限为 8.31 年，比 2010 年增加 0.15 年，实现程度为 79.13%，与全面建成小康社会目标差距 20.87 个百分点，差距较大，比 2010 年提升了 1.41 个百分点，年均提升 0.24 个百分点。若要达到 2020 年全面建成小康社会的目标，平均受教育年限需要保持年均增长 0.55 年的发展速度。农村自来水普及率达到 70.64%，比 2010 年增加 17.38 个百分点，实现程度为 88.30%，比 2010 年提升了 21.73 个百分点，年均提升 3.62 个百分点，该指标距离全面建成小康社会的目标值 80% 还差 9.36%，在接下来的 4 年里，要达到年均增加 2.34 个百分点的发展速度。农村卫生厕所普及率达到 80.89%，比 2010 年增加 18.68 个百分点，实现程度在 2015 年就达到 100%，在 2016 年完成程度达到 107.85%。

（5）资源利用效率提升，可持续发展能力增强。2016年，四川省全面建成小康社会资源环境指数的实现程度为96.96%，与其他分类指数相比实现程度最高，比2015年提升了3.64个百分点，比2010年提升了18.27个百分点，年均提升3.04个百分点。资源环境方面参与测算的6个指标中有4个指标的实现程度均已达到100%，另外两个指标也已达到90%的实现程度。

资源利用效率逐步提升，节能降耗成效明显。2016年，四川省单位GDP能耗（2010年不变价）为0.66吨标准煤/万元，比上年下降0.03吨标准煤/万元，比2010年下降0.27吨标准煤/万元，降低了29%，实现程度为90.91%，比2010年提升了26.35个百分点，年均提升4.39个百分点。若继续保持2016年的降低速度，将在2018年达到全面建成小康社会目标0.6吨标准煤/万元。单位GDP水耗（2010年不变价）为86.55立方米/万元，比2010年下降47.43立方米/万元，降低了35.4个百分点，实现程度在2013年就已经达到100%，在2016年单位GDP水耗的完成程度达到127.09%。单位GDP建设用地占用（2010年不变价）为59.43公顷/亿元，比2010年下降了36.66公顷/亿元，降低了38.15%，实现程度在2016年达到100%。

环境质量有待提升，尤其是空气质量和水资源质量。自2010年以来，环境质量指数呈现出下降趋势，环境质量有待提升。2016年四川省环境质量指数为91.54，比上年提高0.29，比2010年减少9.99，实现程度为91.54%，在2010年实现程度曾达到100%，但是自2010年之后逐渐下降，2010—2016年降低了9.9个百分点。根据四川省环境状况公报，四川省2016年空气质量达到二级以上天数占全年比重为78.8%，比2013年下降了10.4个百分点（由于《环境空气质量标准》（GB3095—2012）于2012年发布，并于2013年1月1日才开始监测空气质量，故2012年及以前年份的数据均无法获得）；2016年地表水达标率为63.2%，比2010年下降19.3个百分点；2016年森林覆盖率35.22%，比2010年提高0.91个百分点；2016年建成区绿化覆盖率为39.9%，比2010年提高2个百分点。

防污治理稳步推进。2016年四川省主要污染物排放强度指数为138.36，比上年提高49.22，是历年来提升幅度最为明显的一年，比2010年提高76.62，实现程度在2016年达到100%。2016年城市生活垃圾无害化处理率为98.60%，比2010年提高11.7个百分点，其实现程度在2010年就达到100%，在2016年其完成程度达到116 %。

（二）四川省全面建成小康社会与全国水平对比分析

1. 总体对比

2016 年四川全面建成小康社会实现程度指数为 87.88%，比全国全面建成小康社会实现程度指数 93.82% 低 5.94 个百分点，其中经济发展指数实现程度为 85.82%，比全国经济发展指数实现程度 94.86% 低 9.04 个百分点；民主法制指数实现程度为 87.79%，比全国民主法制指数实现程度 100% 低 12.21 个百分点；文化建设指数实现程度为 78.91%，比全国文化建设指数实现程度 91.97% 低 13.06 个百分点；人民生活指数实现程度为 86.90%，比全国人民生活指数实现程度 90.02% 低 3.12 个百分点；资源环境指数实现程度为 96.96%，比全国资源环境指数实现程度 94.87% 高 2.09 个百分点。从总体上看，四川省全面建成小康社会进程与全国水平还有一定差距，从分类指数来看，资源环境指数一直领先于全国水平，但是其他 4 项分类指数均低于全国水平，尤其是文化建设指数和民主法制指数，与全国水平差距较大。

四川省 2010 年达到全面建成小康社会目标的指标为 5 个，2016 年达到全面建成小康社会目标的指标为 14 个，7 年间增加了 9 个达标指标。全国 2010 年达到全面建成小康社会目标的指标为 3 个，2016 年达到全面建成小康社会目标的指标为 17 个，7 年间增加了 14 个达标指标。四川要实现与全国同步全面建成小康社会，还需加快进程（见表 7、图 1）。

表 7　2010—2016 年全国小康实现程度指数　单位：%

年份	2010	2011	2012	2013	2014	2015	2016
经济发展指数	73.29	78.64	83.74	88.57	91.87	93.75	94.86
民主法制指数	63.28	69.37	74.62	79.44	86.29	93.99	100.00
文化建设指数	75.67	79.13	83.47	86.91	88.24	91.85	91.97
人民生活指数	78.53	81.05	83.10	85.16	86.97	88.21	90.02
资源环境指数	74.65	72.84	77.37	81.04	85.10	88.59	94.87
小康实现程度指数	73.99	76.81	80.84	84.45	87.72	90.83	93.82

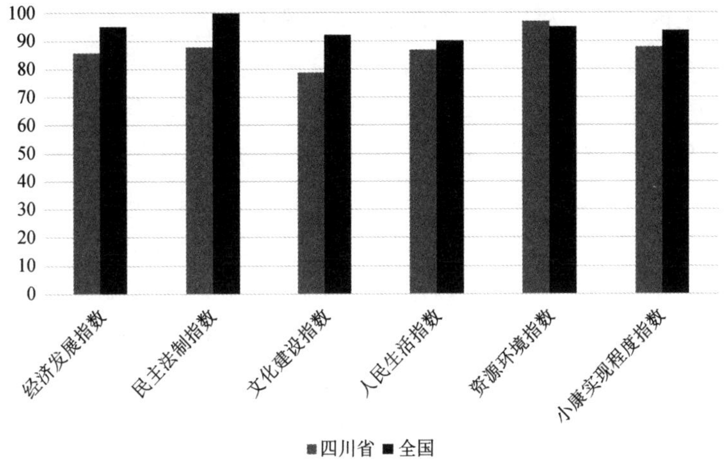

图1　2016年四川省与全国全面小康指数比较

2. 经济发展指数对比

2016年四川省经济发展指数实现程度为85.82%，比全国经济发展指数实现程度94.86%低9.04个百分点，四川省的人均GDP、R&D经费支出占GDP比重、互联网普及率、城镇人口比重、农业劳动生产率与全国存在一定差距。从具体指标来看，四川省居民消费支出占GDP比重、每万人口发明专利拥有量、工业劳动生产率的实现程度与全国的都已达到100%。四川省人均GDP（2010年不变价）为37505.49元，比全国低8607.2元，实现程度比全国低15.1个百分点；第三产业增加值占GDP比重为45.38%，比全国低6.22个百分点，四川省的实现程度为96.56%，全国的实现程度达到100%，四川省与全国还差3.44个百分点。R&D经费支出占GDP比重为1.72%，比全国低0.39个百分点，实现程度为68.8%，比全国低15.53个百分点；互联网普及率为43.60%，比全国低9.6个百分点，实现程度为87.2，全国实现程度达到100%，与全国的差距为12.8个百分点；城镇人口比重为49.20%，比全国低8.15个百分点，实现程度为82%，比全国低13.58个百分点；农业劳动生产率（2010年不变价）为1.72万元/人，比全国少0.63万元/人，实现程度为85.8%，全国的实现程度已达到100%，与全国的差距为14.19个百分点。

3. 民主法制指数对比

2016年四川省民主法制指数实现程度为87.79%，比全国民主法制指数实现程度100%低12.21个百分点。从具体指标来看，四川省每万人拥有律师数为2.02人，比全国少0.34人，实现程度为87.79%，全国实现程度已达到

100%，与全国的差距为 12.21 个百分点，差距较大。

4. 文化建设指数对比

2016 年四川省文化建设指数实现程度为 78.91%，比全国文化建设指数实现程度 91.97% 低 13.06 个百分点，四川省的人均公共文化财政支出和有线广播电视入户率与全国差距较大。从具体指标来看，四川省城乡居民文化娱乐服务支出占家庭消费支出比重的实现程度与全国都已达到 100%。文化产业增加值占 GDP 比重为 4.02%，比全国低 0.12 个百分点，实现程度为 80.4%，比全国低 2.4 个百分点。人均公共文化财政支出为 151.26 元，比全国少 44.75 元，实现程度为 75.63%，比全国低 22.37 个百分点，差距较大。有线广播电视入户率为 35.5%，比全国低 17.25%，实现程度为 59.17%，比全国低 28.75 个百分点，与其他指标相比，差距最大。

5. 人民生活指数对比

2016 年四川省人民生活指数实现程度为 86.90%，比全国人民生活指数实现程度 90.02% 低 3.12 个百分点，四川省失业率、恩格尔系数、城乡居民收入比、平均预期寿命、每千人口拥有执业医师数、农村卫生厕所普及率的实现程度与全国都已达到 100%，四川省城乡居民人均收入、平均受教育年限、农村自来水普及率与全国差距较大。从具体指标来看，城乡居民人均收入（2010 年不变价）为 16837.7 元，比全国少 3787.7 元，实现程度为 67.35%，与全国差距 15.15 个百分点，差距较大。地区人均基本公共服务支出差异系数为 73.32%，比全国低 13.93 个百分点，实现程度为 54.56%，高于全国水平。平均受教育年限为 8.31 年，比全国少 0.84 年，实现程度为 79.13%，与全国差距 7.99 个百分点。基本社会保险覆盖率为 80.53%，比全国高 1.52 个百分点，实现程度为 84.77%，比全国高 1.6 个百分点。农村自来水普及率为 70.64%，比全国低 8.86 个百分点，实现程度为 88.3%，与全国差距 11.08 个百分点，差距较大。

6. 资源环境指数对比

2016 年四川省资源环境指数实现程度为 96.96%，比全国资源环境指数实现程度 94.87% 高 2.09 个百分点。从具体指标来看，四川省单位 GDP 水耗、主要污染物排放强度指数与城市生活垃圾无害化处理率的实现程度与全国都已达到 100%，其余 3 项指标的实现程度均高于全国水平。单位 GDP 能耗（2010 年不变价）为 0.66 吨标准煤/万元，比全国少 0.02 吨标准煤/万元，实现程度为 90.9%，比全国高 2.31 个百分点。单位 GDP 建设用地占用（2010 年不变价）为 59.43 公顷/亿元，比全国少 2.07 公顷/亿元，实现程度为 100%，而全国实现程度为97.57%。环境质量指数为91.54，比全国高6.92，实现程度为91.54%，比全国高6.92个百分点。

7. 同步化指数

本文定义的同步化指数（$I_{同步}$），反映四川省与全国总体全面建成小康社会进程的同步化程度，同步化指数越大，同步化程度也就越高。

$$I_{同步} = 100 - \frac{\sum_{i=1}^{5} |I_{四i} - I_{全i}| W_i}{\sum_{i=1}^{5} W_i}$$

其中，$I_{同步}$——同步化指数；

$I_{四i}$——四川省第i大类小康水平实现程度；

$I_{全i}$——全国总体第i大类小康水平实现程度；

W_i——第i大类小康指标权数。

表8和图2表明，四川省和全国总体一道，全面建成小康社会的实现程度越来越高，总体上同步化程度有所上升。

（三）四川省全面建成小康社会进程预测分析

本研究根据2010年到2016年四川省全面建成小康社会进程的各项监测指标，计算各指标的平均发展速度，通过几何平均法计算2017年至2020年各项监测指标的预测值，并根据预测值计算各项监测指标的预期实现程度，以及经济发展指数、民主法制指数、文化建设指数、人民生活指数、资源环境指数和小康实现程度指数的预测值，分析未来四川省全面建成小康社会的发展进程以及与全面建成小康标准的动态差距。2016年四川省主要污染物排放强度指数与城市生活垃圾无害化处理率的实现程度都已达到100%，主要污染物排放强

表8　2010—2016年四川小康实现程度指数与全国比较　单位：%

年份	四川小康实现程度	全国小康实现程度	同步化指数
2010	68.32	73.99	92.56
2011	71.41	76.81	91.82
2012	76.26	80.84	92.49
2013	79.58	84.45	92.31
2014	82.73	87.72	92.77
2015	85.59	90.83	92.68
2016	87.88	93.82	93.14

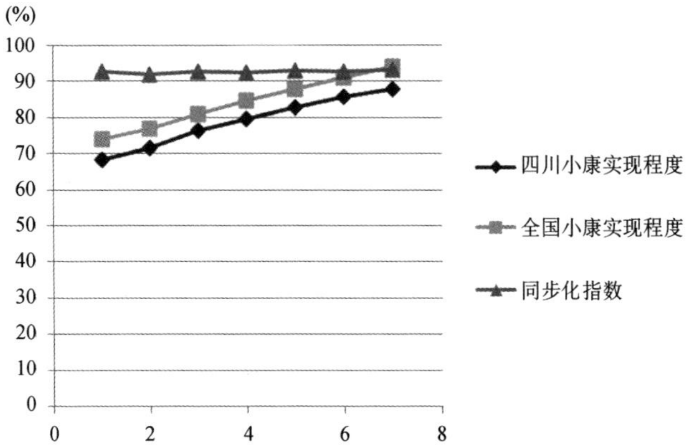

图 2 四川建成小康社会实现程度与全国同步状况

度指数为国家约束性减排指标，其 2017—2020 年预测值可以大于 100%；但城市生活垃圾无害化处理率为限定性指标，其预测值不可能大于 100%，因此 2017—2020 年城市生活垃圾无害化处理率预测值均为 100%。预测结果如表 9、表 10、表 11 所示。

表 9 四川省建成全面小康社会各指标预测值

	单位	2017 年	2018 年	2019 年	2020 年
人均 GDP（2010 年不变价）	元	41252.56	45373.98	49907.17	54893.25
第三产业增加值占 GDP 比重	%	46.39	47.41	48.46	49.53
居民消费支出占 GDP 比重	%	40.67	40.97	41.27	41.57
R&D 经费支出占 GDP 比重	%	1.75	1.77	1.80	1.83
每万人口发明专利拥有量	件	5.98	7.96	10.60	14.12
工业劳动生产率（2010 年不变价）	万元/人	16.86	18.12	19.48	20.94
互联网普及率	%	48.03	52.91	58.28	64.20
城镇人口比重	%	50.89	52.64	54.44	56.31
农业劳动生产率（2010 年不变价）	万元/人	1.83	1.95	2.07	2.21
每万人拥有律师数	人	2.22	2.43	2.67	2.93
文化产业增加值占 GDP 比重（%）	%	4.25	4.49	4.74	5.01
人均公共文化财政支出（2010 年不变价）	元	170.73	192.69	217.49	245.47
有线广播电视入户率	%	34.10	32.75	31.46	30.22
城乡居民文化娱乐服务支出占家庭消费支出比重	%	8.88	9.11	9.35	9.59

续表

	单位	2017 年	2018 年	2019 年	2020 年
城乡居民人均收入（2010 年不变价）	元	18603.05	20553.42	22708.28	25089.06
地区人均基本公共服务支出差异系数	%	73.81	74.30	74.79	75.29
失业率	%	4.22	4.23	4.25	4.27
恩格尔系数	%	35.09	33.89	32.73	31.62
城乡居民收入比	以农为 1	2.45	2.38	2.31	2.24
平均预期寿命	岁	76.94	77.25	77.57	77.89
平均受教育年限	年	8.33	8.36	8.38	8.41
每千人口拥有执业医师数	人	2.32	2.45	2.58	2.72
基本社会保险覆盖率	%	84.72	89.13	93.77	98.65
农村自来水普及率	%	74.04	77.61	81.35	85.27
农村卫生厕所普及率	%	84.51	88.29	92.24	96.36
单位 GDP 能耗（2010 年不变价）	吨标准煤/万元	0.62	0.59	0.56	0.53
单位 GDP 水耗（2010 年不变价）	立方米/万元	80.47	74.82	69.56	64.68
单位 GDP 建设用地占用（2010 年不变价）	公顷/亿元	54.86	50.64	46.74	43.14
环境质量指数	—	89.97	88.43	86.92	85.43
主要污染物排放强度指数	—	158.28	181.07	207.14	236.96
城市生活垃圾无害化处理率	%	100.00	100.00	100.00	100.00

表 10　　四川省全面建成小康社会各指标实现程度预测　　单位：%

	2017 年	2018 年	2019 年	2020 年
人均 GDP（2010 年不变价）	72.37	79.60	87.56	96.30
第三产业增加值占 GDP 比重	98.70	100	100	100
居民消费支出占 GDP 比重	100	100	100	100
R&D 经费支出占 GDP 比重	69.85	70.92	72.01	73.12
每万人口发明专利拥有量	100	100	100	100
工业劳动生产率（2010 年不变价）	100	100	100	100
互联网普及率	96.06	100	100	100
城镇人口比重	84.82	87.73	90.74	93.85

续表

	2017 年	2018 年	2019 年	2020 年
农业劳动生产率（2010 年不变价）	91.41	97.38	100	100
每万人拥有律师数	96.34	100	100	100
文化产业增加值占 GDP 比重（%）	84.95	89.75	94.82	100
人均公共文化财政支出（2010 年不变价）	85.36	96.35	100	100
有线广播电视入户率	56.83	54.59	52.44	50.37
城乡居民文化娱乐服务支出占家庭消费支出比重	100	100	100	100
城乡居民人均收入（2010 年不变价）	74.41	82.21	90.83	100
地区人均基本公共服务支出差异系数	54.20	53.84	53.48	53.13
失业率	100	100	100	100
恩格尔系数	100	100	100	100
城乡居民收入比	100	100	100	100
平均预期寿命	100	100	100	100
平均受教育年限	79.37	79.60	79.84	80.08
每千人口拥有执业医师数	100	100	100	100
基本社会保险覆盖率	89.18	93.82	98.71	100
农村自来水普及率	92.56	97.02	100	100
农村卫生厕所普及率	100	100	100	100
单位 GDP 能耗（2010 年不变价）	96.25	100	100	100
单位 GDP 水耗（2010 年不变价）	100	100	100	100
单位 GDP 建设用地占用（2010 年不变价）	100	100	100	100
环境质量指数	89.97	88.43	86.92	85.43
主要污染物排放强度指数	100	100	100	100
城市生活垃圾无害化处理率	100	100	100	100

表 11　　四川省全面建成小康社会实现程度指数预测　　单位:%

	2017 年	2018 年	2019 年	2020 年
经济发展指数	89.31	92.34	94.57	96.66
民主法制指数	96.34	100.00	100.00	100.00
文化建设指数	81.66	84.77	86.34	87.15
人民生活指数	88.89	91.04	93.24	94.87
资源环境指数	97.46	97.72	97.42	97.13
小康实现程度指数	90.90	93.17	94.43	95.40

1. 经济发展水平预测

根据预测结果，四川省第三产业增加值占GDP比重、居民消费支出占GDP比重、每万人口发明专利拥有量、工业劳动生产率（2010年不变价）、互联网普及率、农业劳动生产率（2010年不变价）到2020年都能达到目标值，但人均GDP（2010年不变价）、R&D经费支出占GDP比重、城镇人口比重到2020年时还与目标值存在一定差距。

四川省2020年人均GDP（2010年不变价）为54893.25元，只实现了比2010年翻一番的目标（2010年为21182元），还未达到全面小康目标值57000元，预测到2020年实现程度为96.30%，与全面小康目标还差3.7个百分点。2020年四川省R&D经费支出占GDP比重预测值为1.83%，实现程度仅为73.12%，与全面小康目标差距较大。2020年四川省城镇人口比重预测值为56.31%，实现程度为93.85%，与全面小康目标还差6.15个百分点。

综合来看，四川省2017年到2020年，经济发展指数的实现程度将分别达到89.31%、92.34%、94.57%、96.66%，2020年四川省经济发展指数距离全面小康100%目标值差3.34个百分点。从预测值来看，要提高四川省经济发展指数，关键在于提高人均GDP、R&D经费支出占GDP比重和城镇人口比重。

2. 民主法制水平预测

根据预测结果，四川省每万人拥有律师数在2018年将达到2.43人，超过2.3人的目标，实现程度达到100%。民主法制指数的预测值在2018年就提前达到全面小康目标100%。

3. 文化建设水平预测

根据预测结果，四川省在2020年文化产业增加值占GDP比重（%）、人均公共文化财政支出（2010年不变价）、城乡居民文化娱乐服务支出占家庭消费支出比重都将超过全面小康目标值，实现程度达到100%。但是有线广播电视入户率却呈现着逐年递减的趋势，2020年的预测值为30.22%，实现程度仅为50.37%。

综合来看，四川省2017年到2020年，文化建设指数的实现程度将分别达到81.66%、84.77%、86.34%、87.15%，距离全面小康目标100%还有12.85个百分点，差距较大。从预测值来看，要提高四川省文化建设指数，关键在于提高有线广播电视入户率。

4. 人民生活水平预测

根据预测结果，四川省城乡居民人均收入（2010 年不变价）、失业率、恩格尔系数、城乡居民收入比、平均预期寿命、每千人口拥有执业医师数、基本社会保险覆盖率、农村自来水普及率、农村卫生厕所普及率在 2020 年都将达到全面小康目标，实现程度达到 100%，但是地区人均基本公共服务支出差异系数、平均受教育年限还未达到全面小康目标，并且都与目标值差距较大。

四川省 2020 年地区人均基本公共服务支出差异系数的预测值为 75.29，实现程度仅为 53.13%，平均受教育年限的预测值为 8.41 年，实现程度仅为 80.08%。

综合来看，四川省 2017—2020 年，人民生活指数的实现程度将分别达到 88.89%、91.04%、93.24%、94.87%，2020 年人民生活指数与全面小康目标还差 5.13 个百分点。从预测值来看，要提高人民生活指数，关键在于提高地区人均基本公共服务支出差异系数和平均受教育年限。

5. 资源环境水平预测

根据预测结果，四川省单位 GDP 能耗（2010 年不变价）、单位 GDP 水耗（2010 年不变价）、单位 GDP 建设用地占用（2010 年不变价）、主要污染物排放强度指数、城市生活垃圾无害化处理率在 2020 年都能达到全面小康目标，实现程度达到 100%，但环境质量指数还未能达到。四川省 2017 年至 2020 年环境质量指数的实现程度分别为 89.97%、88.43%、86.92%、85.43%，呈现出逐年递减的趋势，2020 年环境质量指数的实现程度与全面小康 100% 的目标差距 14.57 个百分点。

综合来看，四川省 2017 年到 2020 年，资源环境指数的实现程度将分别达到 97.46%、97.72%、97.42%、97.13%，2020 年资源环境指数与全面小康目标差距 2.87 个百分点。从预测值来看，要提高资源环境指数，关键在于加大环境保护力度，提高环境质量指数。

6. 四川省全面建成小康社会进程预测

根据预测结果，四川省 2017 年至 2020 年全面建成小康社会实现程度指数分别为 90.90%、93.17%、94.43%、95.40%。按照预测值，要实现 2020 年全面建成小康社会的宏伟目标，关键控制点在于提高四川省人均 GDP、R&D 经费支出占 GDP 比重、城镇人口比重、有线广播电视入户率、地区人均基本公共服务支出差异系数、居民平均受教育年限和环境质量指数。

2020 年四川省全面建成小康社会实现程度为 95.40%，虽还未达到目标值

100%，但是根据国家统计局的解释，小康指数达到95%以上，可以认为已经达到了全面建成小康社会水平。因此2020年四川省全面建成小康社会指数将达到95.40%，可以认为四川省将基本实现与全国同步建成小康社会的发展目标。

四、四川省与全国同步全面建成小康社会的工作重点与难点、对策

（一）重点与难点

（1）四川省与全国同步全面建成小康社会的重点要加速民生改善进程，加强文化教育建设，着力推进区域协调化、公共服务均等化。

改善民生是全面建成小康社会的根本保证和必然要求，四川省要与全国同步全面实现小康社会就要把改善民生放在首要位置。但是“人口多、底子薄、不平衡、欠发达”仍然是四川最大省情，发展不均衡问题仍然突出。四川省发展不平衡不充分问题带有一定历史性。比如，成都的首要地位和周边市州均衡发展的关系问题，就是历史、特定地理环境和条件塑造的产物。另外，四川省发展不平衡还带有一定区域性。比如，甘孜州、凉山州、阿坝州等片区发展比较落后。四川省要实现与全国同步全面建成小康社会要努力克服困难，着力推进区域协调化、公共服务均等化，使人民生活更有获得感。

四川省现在面临着文化建设“短腿”的问题，“让人民享有健康丰富的精神文化生活”是全面建成小康社会的重要内容，没有文化的小康，就不是真正的全面小康。因此加强文化教育建设，全面提升人口素质是四川省与全国同步全面建成小康社会的重点。

（2）四川省与全国同步全面建成小康社会的难点是农村地区实现全面小康。

四川作为西部农业大省，乡村地域广、面积大、人口多、占比高，与全国同步全面建成小康社会，最关键的是要实现农村地区全面小康，尤其是贫困地区。2016年四川省城镇化率仅为49.2%，远低于全国城镇化率57.35%，距离全面小康目标60%还差10.8个百分点。农村人口多比重大，是全面建设小康社会的“后腿”。其次，四川省现代农业发展水平还不高，而对于四川这样一个农业大省，农业发展质量效益高不高、竞争力强不强，很大程度上影响着全

面建成小康社会的进程。另外，截至2016年四川省还有272万农村贫困人口，特别是秦巴山区、乌蒙山区、大小凉山彝区、高原藏区等“四大片区”，属于国家集中连片特困地区，贫困发生率高达15%以上，这些地区脱贫是四川全面建成小康社会进程中的难点。

（二）对策建议

近年来，四川省在全面建设小康社会进程中不断奋进，取得了巨大成就，但在建成更高水平、更加全面、更加均衡的全面小康社会的道路上还面临不少困难和问题，人均经济水平不高、科技创新能力不足、文化建设水平不够、发展不平衡不充分、公共服务不均衡、环境质量不高等问题依然存在，农村发展滞后、贫困地区扶贫脱贫依然是难题，人民生活质量和人口素质依然需要提升。为实现2020年与全国同步全面建成小康社会，针对四川省的具体问题我们提出以下建议：

1. 以跨越式发展为要务，提升综合经济实力

物质基础是全面建成小康社会的重要前提。

一是加快经济发展。需大力转方式、调结构，着力培育战略性新兴产业，加快发展商贸物流、文化旅游、金融信贷等现代服务业，加快提升农业现代化水平。坚持发展实体经济、产业项目，不断提高园区经济比重，为全面建成小康社会奠定基础。

二是加强科技创新。大力发展高新技术产业，加强对战略性新兴产业发展的协调与指导，着力培育发展新一代信息技术、新能源、高端装备制造、新材料、节能环保、生物等四川具有一定优势和竞争能力的战略性新兴产业，推动四川省企业转型升级的步伐。

三是推进新型城镇化。加快城镇自身建设，搭建适应城镇化拓展需要的城市道路网络，完善城市基础设施建设和服务水平，提高城镇内在承载能力。

2. 以增加城乡居民收入为重点，加大民生改善力度

一是提高城乡居民收入。着力拓宽收入渠道，完善分配体制，努力实现城乡居民收入倍增，促进共同富裕。着力推动农民创业就业，加快培育扶持新农村建设力度，提高农民收入。加快完善城镇服务业体系，增加城镇居民就业机会，提高整体收入水平。

二是完善收入分配机制，提高居民收入在国民收入初次分配和再分配中的比重，逐步提高最低工资标准，深入实施统筹城乡战略，逐步实现城乡居民收

入增长与 GDP 增长和财政收入增长同步。

三是完善社会保障制度，提高中低收入群体收入水平，缩小城乡、区域、行业和社会成员之间的收入差距。

3. 以培养人才为手段，优化科技创新环境

一是提高基础教育质量，从教育硬件设施和师资水平入手，建立覆盖全域的资源共享机制，促进全省教育均衡发展。

二是加强高端人口培养，协调产业高端发展，四川是全国高等教育和科研院所较为集中的省份之一，要充分利用科教的优势，增加高等教育的投资，大力培养与社会经济发展相适应的高层次专业人才和创新人才。

三是支持在川高校加强相关学科建设，创新设置跨界专业。优化人才培养机制，通过全省“千人计划”“天府万人计划”等重点支持数字经济跨界人才发展。鼓励校企合作，加强对重点企业及研发团队的扶持和引进。

四是加大科研经费的投入力度，提高科研经费的使用效率，优化科技创新环境。同时，完善以政府为引导、企业为主体、社会投入为补充的科技投入体系；完善以市场为导向、企业为主体、产学研联动的技术创新体系；完善以机制创新和环境建设为重点的创新服务体系。

4. 以文化体制改革为突破，加快文化产业发展

一是加强文化产业发展。加快打造文化支柱产业，大力发展红色旅游、文化创意、娱乐休闲产业。丰富文化市场主体，提高市场化、项目化、规范化运营水平，着力繁荣城乡文化市场。

二是增加公共文化投入。打造一批群众看得起、看得懂、喜欢看的民俗文化创意项目，将文化馆、主题公园和文化走廊等项目延伸至乡镇，丰富居民的文化娱乐生活。加快公共文化体育设施建设，打造省、市、县、乡、村五级公共文化服务网络。

三是改善文娱消费观念。引导居民开展积极健康的文化娱乐生活，形成良好的消费习惯，扩大文教娱乐服务消费领域，提高文化娱乐方面的消费，提升居民生活质量水平。

5. 以缩小城乡差距为目标，加速农业现代化发展

一是大力发展特色农业、设施农业、生态农业和订单农业，推进农业产业化和农产品精深加工，搞好农业结构调整，形成农民增收的长效机制。

二是大力扶持发展家庭农场、专业大户、农民合作社、农业企业、社会化服务组织等新型农业经营主体，发展以村级集体经济组织为基础、以股份合作

制为基础和以农业园区为基础的农业经营主体多样化模式。

三是加快发展现代农业。加大对包括农田水利、农村通水、通路、通电等农业基础设施的投资。加大对农村金融的政策支持力度，积极推进农业结构调整。

6. 以区域间协调发展为标准，推进基本公共服务均等化

一是要制定统一的基本公共服务供给标准，打破机制、体制障碍，方便城乡居民无差别共享公共服务资源。对基本公共服务供给标准实行动态管理，并及时调整，确保供给标准与经济发展状况和群众实际需求相适应。

二是要建立健全基本公共服务均等化的法律法规，确立推进基本公共服务均等化的指导原则、主体责任、奖惩措施和监督机制。

三是要强化政府公共服务主体责任，保障基本公共服务均等化稳定投入，组织、监督、协调和平衡各地区基本公共服务均等化有序推进。

四是要转变财政支出结构，建立健全基本公共服务支出稳步增长机制。加大对财力困难地区的财政转移支付力度，促进不同区域间基本公共服务大致均等。

7. 以绿色发展为理念，加强生态建设和保护

一是加快淘汰落后产能和压缩过剩产能。结合产业发展实际和环境质量状况，进一步提高环保、能耗、安全、质量等标准，分区域明确落后产能淘汰任务，倒逼产业转型升级。加大环保、能耗、安全执法处罚力度，建立以节能环保标准促进“两高”行业过剩产能退出的机制，制定财政、土地、金融等扶持政策，支持产能过剩“两高”行业企业退出、转型发展。

二是加强防污治理。强化重点区域、重点领域、重点行业、重点企业污染源防治。实施区域联防联控，以“减排、抑尘、压煤、治车、控秸”为重点，认真抓好细颗粒物（PM2.5）、可吸入颗粒物（PM10）污染治理。加强岷江、沱江、渠江、涪江、嘉陵江等重点流域和生态敏感区水污染治理。加强良好湖库生态环境保护，严格排污管理。加强城市建成区黑臭水体治理，实施雨污分流，加强污水配套管网和垃圾收转运设施建设，提高污水、垃圾收集率。

三是加强生态环境保护，加强自然保护区、风景名胜区、森林公园、湿地公园、水产种质资源保护区、野生植物原生环境保护区等典型生态系统建设，对重要生态系统和物种资源实施强制性保护，推动建立大熊猫国家公园。

四是积极开展多种形式的宣传教育。倡导文明、节约、绿色的消费方式和生活习惯，引导公众从自身做起、从点滴做起，在全社会树立起“同呼吸、

共奋斗”的行为准则，共同改善空气质量。

8. 以精准扶贫为要求，加快贫困地区发展和贫困人口的脱贫致富

一是推进基础扶贫工程。科学规划和建设贫困地区的交通、水利、电力、通信等基础设施，构建骨干网络、改善区域发展条件，完善末端建设、方便群众生产生活。全力推进饮水安全工程，加快推进农村电网升级改造。

二是实施针对性扶贫。在秦巴山区，突出破解交通条件制约，着力抓好天然气等资源开发和农产品精深加工，特别要抓住国家支持革命老区发展振兴的机遇，争取制订实施川陕革命老区振兴规划。在乌蒙山区，突出加快水电等资源的综合利用，包括推进港航建设发展，加大改善民生投入力度，加快建设长江上游重要的生态屏障示范区。在大、小凉山彝区，突出以实施彝家新寨工程、基础设施建设、社会事业发展和“防艾禁毒”为重点的综合扶贫开发。在高原藏区，加快建设区域连接重要通道，大力发展现代草原畜牧业，打造国际知名的生态文化旅游区，构建高原生态安全屏障。

三是健全精准扶贫工作体制、机制。聚焦四川全省建档立卡贫困村、贫困户，做到对象精准；到村到户精确配置和投放扶贫资金，做到资金使用精准；把扶贫项目规划落实到村到户，做到项目精准；因村施策、因户施治，逐村逐户制订差异化的帮扶方案，做到措施精准；加强干部驻村帮扶，选派贫困村第一书记，做到驻村帮扶精准；完善扶贫工作考核评价体系，增强贫困群众获得感，做到脱贫成效精准。

综上所述，本文深入剖析小康社会与全面建成小康社会的内涵，全面测算四川省全面建成小康社会进程速度，通过与全国“同步建成”分析研究，发现四川省全面建成小康社会进程中的短板；预测四川省 2020 年全面建成小康社会目标完成度，探索与全国同步建成小康社会工作的重点与难点，助力四川省 2020 年完成全面建成小康社会的奋斗目标。但文章还存在几点不足之处：

（1）四川省数据资料不齐全，如基层民主参选率、每万名公务人员、检察机关立案人数和社会安全指数等 8 个指标的数据无法获取，研究时未纳入计算；

（2）部分指标由于时间原因数据缺失，如国家《环境空气质量标准》（GB3095—2012）于 2012 年发布，但于 2013 年 1 月 1 日才开始监测空气质量，故四川省及全国 2012 年及以前年份的数据均无法获得；

（3）2017—2020 年四川省全面建成小康社会的预测采用 2010—2016 年增

速的几何平均值测算，一定程度上忽略了新时期各项指标提升的增长压力。

在今后的研究中，会深入挖掘缺失的数据资料，对于缺失数据的指标寻找强关联性指标进行替代，同时探索预测方法，以期更加全面、准确监测四川省完成全面建成小康社会目标的进程。

我国中等收入群体测度研究[①]

改革开放30多年来，我国贫穷群体与富裕群体之间的差别越来越大，怎么去增加中等收入群体的人数进而减少这种差别的程度，并最终构建合理的收入分配结构及社会结构意义重大。党的十六大提出了要把全国人民共同富裕作为最终目标，尽最大的努力去提高中等收入者在全国的比重。因此在对我国中等收入进行研究首先要对中等收入、中等收入群体的相关概念彻底了解，才能明白什么是扩大中等收入者的比重，然后要对我国目前中等收入者比重的情况有足够的认识，才能根据具体的概念和实际情况对扩大我国中等收入者比重提出有效的建议。

中等收入应分为两类：第一类中等收入（激励性中等收入）和第二类中等收入（公平性中等收入）。按第一类中等收入所描述的概念可以得到的是能代表目前我国中等收入的标准，即所谓的绝对标准，它应由人均可支配收入这个指标来表示，并且要符合可比性、激励性、稳定性、地域性和动态性五个原则。同时，中等收入群体是中等收入者的集合，因此，我国应该尽最大的努力去增加第一类中等收入群体的人数，从而达到提高我国中等收入者所占的比重这一目标。

本文根据上述六个原则确定了我国中等收入基本标准、动态标准和地区标准。其中，动态标准反映了不同时期我国中等收入标准的变动情况，地区标准体现了购买力水平不同对我国中等收入标准的影响。在这些标准的基础上，本文利用非参数方法中的核密度估计法对2003—2010年的我国中等收入群体比重和某省2012年中等收入群体比重进行了测度，并预估了2020年的比重。最

① 基金项目：2012年全国统计科研计划项目；作者：熊健益、梁冠立、王艳云。

后，针对测算所得的结果，得出本文所确定的中等收入标准的合理性结论，并提出了扩大我国中等收入群体比重的政策建议。

一、绪论

（一）研究背景及意义

我国现在处于一个新阶段：既要抓住发展这个“第一要义”，又要注重社会公平。在这样一个阶段里，如何努力去增加中等收入群体的数量和提高其质量便成了一个很重要的问题。然而，我国政府并没有公布一个明确的、公认的“中等收入者”判断标准。世界银行按人均国民总收入（人均 GNI）划分了不同类型的国家——低收入的国家、高收入的国家以及处于两者之间中等水平的中等收入国家。依据世界银行在 2010 年所确立的分类标准，低收入的国家其人均收入应在 1005 美元以下，高收入的国家其人均收入应在 12276 美元以上，而中等收入国家的水平应介乎前面两者之间。2010 年我国人均 GNI 为 4260 美元。中国社会科学院依据世界银行的区分标准，明确指出我国已进入中等收入国家队列（其实，世界银行网站上已将中国列进中等偏上收入国家），引发国内一派哗然。我国很多国民认为自己被“中等”了，不承认自己是中等收入者。因此，定义“中等收入”、识别“中等收入者”是接下来的重中之重，然后我们再讨论在所定概念下中等收入群体的数量情况。

研究中等收入问题具有重要的理论意义和实践意义，前者在于识别“中等收入者”，为构建和谐社会、“扩大中等收入者所占比重”战略目标实现的相关决策提供科学依据；后者在于解决中等收入的统计标准问题，提出科学合理的可操作性强的中等收入统计标准和中等收入群体所占比重测度方法。其实，研究中等收入问题的最终目的就是为扩大中等收入比重提供建议，因此要理解该研究的意义首先就应明白扩大中等收入者比重的意义。

首先从政治的角度来看。正所谓勤劳以致富，这是亘古不变的道理，我国在未来的发展中还是需要广大劳动人民的积极参与。同时，在保证发展有效率的前提下，我们还应该劝导先富起来的人民去帮助还处于落后的其他人，帮助他们摆脱贫困，一起步入名副其实的小康社会。而要做到上面所说的共同致富，我们就有必要正视我国目前存在的“低收入者和高收入者过多，而中等收入群体比较少”的这个问题。这样的一种结构是典型的错误收入分配结构，假如我国只顾着发展经济，不断提高效率，忽略这种收入分配极不公平的现象，那么国家再发达也达不到我们一直以来的目标，反而像是在朝相反方向走。

然后是提高经济基础这方面。市场需求在很大程度上受到收入分配状况的决定，在收入分配构造相对公道的情况下，市场需求的分布比较平均，与物品供给相吻合。因为不相同的收入水平的人的需求偏好和边际消费倾向不一样，在收入差距很大的情况下，市场需求的分布结构会出现两极化，致使产出供给两极分化。高收入者消费能力大，但整个群体的需求不大，低收入者则相反，而高低收入者消费的商品差距较远，断层商品较多。这种市场需求与产品供应的不平衡，以及社会整体消费能力低，自然会导致内需不足。中等收入群体既有消费能力又有消费需求，他们的消费商品恰恰就是高低收入者消费的断层商品。同时，他们又有较多积存用于直接投资或间接投资。因此，中等收入者的消费和投资活动是拉动社会需求，加大经济增长的主要力度，对完善需求构造、扩大内需起着一定的促进作用。

最后涉及社会稳定方面。按照历史经验和发达国家的体验，一个公道的社会布局有助于社会巩固，“中间大两头小”的社会结构无疑是最优的选择。换句话说，中等收入群体在一个国度所占的比重越大，这个国度和社会就越巩固。自第二次世界大战到现在，欧洲大多数国家基本上没有发生过大的社会荡动，经济一向保持稳定成长，这与这些国家的中等收入阶级在社会上居于主体位置密不可分。自改革开放以来，我国的经济发展水平和人民生活水平都有了很大进步。假如进一步使绝大多数人可以过上小康甚至富足生活（大体上相当于中等收入水平），这将使我们的社会有一个坚固而宽泛的群众基础，有利于抵抗大风大浪，有利于自在应付繁杂动荡的国际局势，有利于社会的稳定与发展。

（二）国内外文献综述

1. 国外学者关于中等收入群体测度的研究现状

（1）世界银行凭据人均 GNI 确立了不同类型的国家或地区，如低收入的、高收入的，而处于两者之间的就是我们即将讨论的中等收入。

（2）部分国家公布了中产阶级或中等收入阶层的划分标准。例如，美国公布的标准为家庭年收入 4 万—20 万美元，英国的标准是家庭年收入 3 万—8 万美元，德国的标准是家庭年收入 4 万—10 万美元。

（3）学者主要从社会学上讨论中产阶级的特征、变动趋势、构成等。如在确定中等收入界定标准的时候，Thurow[①] 在 1984 年选取了中位数范围内 75%—125% 的群体为中产阶级；Blackburn[②] 等人在 1985 年选择中位数临界点 60%—225% 作为中产阶级的界线。法国巴黎百富勤公司[③]也提出了它所认为的中等收入应达到的一些标准。

在中等收入群体相对大小测度问题上，近年来学者已认识到传统参数方法的缺陷，现在已大多改用非参数方法，或者是半参数的方式，对收入分布做出核密度估计，并依据收入分布进行要素分化，其中重要的是基于回归方程的分位数回归，还可以分为条件分位数和无条件分位数两种回归[④]。

2. 国内学者关于中等收入群体测度的研究现状

（1）中等收入群体及其相关概念的研究现状。目前我国研究中等收入概念的派别可以分为两派，第一个是社会学派，第二个是经济学派。社会学派中如苏海南[⑤]提出了要成为中等收入者的一些相关条件，比如说收入要达到什么程度、个人的文化程度又是怎样等，这些条件不是分别独立的，而是联合在一起才能作为定义中等收入者的条件。董汉松[⑥]认为，中产阶级不能单单是具有稳定的收入，还要在政治觉悟、文化水平上有一定的高度，那么这样的中产阶级就必须是受过良好教育的，所从事的工作对社会会产生一定的影响，而且，这一部分人是在不断追求自己的生活质量，很少或者说几乎不可能倒退到低收入群体中去。在经济学界，武军定、杨维[⑦]认为，目前要界定我国的中等收入者只能以收入水平作为独一的标准，暂不应考虑文化、工作种类、社会地位、政治意识等不能用数字衡量的信息，在一定区域和时期内只要收入达到了该区域全部居民的中等收入水平，这些人就应该划入我国中等收入群体。国家发改

---

① Thurow. L. C：“The disappearance of the middle class”，《New York Times》1984 年 2 月 5 日。

② Blackburn M、Bloom D：“What is happening to the middle class”，《Am. Demogr》1985 年第 1 期，第 19—25 页。

③ 《民营经济报》：“巴黎百富勤测算：中国的中产家庭户均财产 31 万”，北极星电力网，2004 年 2 月 19 日。

④ Machado J、Mata J：“Counterfactual decomposition of changes in wage distributions using quantile egression”，《Journal of Applied Econometrics》2005 年第 20 期，第 445—465 页。

⑤ 苏海南：“努力扩大我国的中等收入者比重”，《宏观经济研究》2003 年第 4 期，第 12—14 页。

⑥ 董汉松：“‘中产阶层’再界定”，《新学术》2007 年第 3 期，第 49—50 页。

⑦ 武军定、杨维：“中等收入者与中产阶级”，《中国统计》2006 年第 10 期，第 21—22 页。

委宏观经济研究院课题组[①]对中等收入者的界定更多地也是从收入的角度出发，虽然以一定数量的财产为辅助条件，但主要指标还是人均可支配收入，也就是在特定期间内只要人均可支配收入达到中等水平，并且拥有相应的财产的生活水平较高的这一部分人就是中等收入者。

中等收入群体这个称谓可说是具有中国特色的，在大部分经济学者的眼里，中国的中产阶级并没有成熟的形成条件，现阶段只能从扩大中等收入群体比重出发，通过研究改善收入分配来最终构建一个“橄榄型”社会。因此，国内经济学界主要通过收入这个指标来定义中等收入群体，而非社会学界那种多重的、全面的中产阶层观念。

（2）我国中等收入划分标准的研究现状。我国学术界和有关单位对中等收入标准的规定不同，争议颇多。纪宏和陈云[②]就认为，中等收入标准不能只在我国的低收入水平上确定，还要考虑到与国际水平的比较，从而中等收入标准应有绝对标准和相对标准之分。常兴华[③]选用人均可支配收入的指标作为界定标准得到的结果是，我国年人均可支配收入介于2.2万—6.5万元（以2010年为基期）之间可算作中等收入阶层。李云路等[④]所说的中等收入者应具备的一些条件则包括：40%以下的恩格尔系数或者是年缴个人收入所得税1200元以上。另外，四川省的“城调队”[⑤]在研究中等收入这个问题时也提出了他们自己的看法：比如说要有5万元到20万元的年家庭收入，或者是金融财产达到20万元以上，又或者是家里有车并且收入有1万元。南京市统计局[⑥]也曾经提出，中等收入家庭每个人每个月的收入应该在3000元以上1万元以下，并且恩格尔系数不能高出30%。

我国划定中等收入的标准可说是众说纷纭，但从目前来看，无论是政府统计部门还是资深的学者都只是在发掘适用于各区域的相对标准。而绝对标准的问题，大概有这两种情况：直接使用某一发达国家或某国外权威机构的标准；

① 国家发改委宏观经济研究院课题组：“扩大我国中等收入者的比重”，《经济研究参考》2005年第5期，第2—8页。

② 纪宏、陈云：“我国中等收入者比重及其变动的测度研究”，《经济学动态》2009年第6期，第11—16页。

③ 常兴华、李伟：“我国中等收入阶层比重的测算分析”，《宏观经济管理》2012年第8期，第33—35页。

④ 李云路、战燕、顾钱江：“从‘葱头型’到‘橄榄形’——中国着力培育中等收入阶层”新华网，2004年3月4日。

⑤ 《成都晚报》记者：“四川城镇中产阶层已达9%”，《成都晚报》2004年12月22日。

⑥ 施统、宋广玉：“我市2.7%家庭跨入中等收入行列”，《南京日报》2004年10月28日。

借鉴国外标准并根据我国国情进行修改。因此本文主要研究的是如何确定一个绝对标准，具体到其根据是什么，结构又是怎样的（即上下限是多少）。

（3）有关中等收入群体测度方法的研究现状。在进行中等收入群体测度时，黄维德①在2002年最先建议选择城乡居民家庭调查五等分的方式界定中等收入者。而且在对上海高、中、低收入群体进行划分时，为了区别于全国的一般划分，他综合利用职业划分法和房产收入比划分法②。刘伟③等参考国际经验，在得到我国收入分布的具体信息如分布函数、密度函数后，考虑到可以利用定性分析与定量分析综合使用的方法，提出我国中等收入家庭界定还可采用其他各种界定方法，如指数界定法、差异界定法、相对累积指数界定法和综合指数界定法等。庄健④等采用多项式函数形式拟合洛伦兹曲线，建立基尼系数和中等收入群体比重之间的数量对应关系。得到的结果是：基尼系数和中等收入比重之间具有负向相关的关系。纪宏和陈云选用当代非参数方法中的核密度估计法，对我国中等收入者比重与其变化做出测算，对造成我国中等收入者比重发生变化的增加效应、分配效应和标准效应做出分析研究。朱长存⑤将这三种效应又归纳为：一是收入分布位置的变动，反映了收入分布随着收入水平的变动而变动；二是收入分布外形的转变，体现了收入分布分离水平的变化；三是其他分布特征的变化（陈娟和孙敬水⑥，2009）。

目前国内学者在测算中等收入群体比重时大多使用指标法。例如，依据恩格尔系数来界定中等收入者或中等收入家庭，进而求出它的比重。也有个别学者经过钻研中等收入群体比重与某一指数之间的数量对应关系来得到比重的具体数据，如基尼系数。相对指标法来说，基于非参数法的核密度估计法效果更好，钻研收入分布不但能获得中等收入群体的比重，还能对其要素做出分化了解。这样的结果不但能让我们看到中等收入群体的现状，而且能够提供一定的

---

① 黄维德：《上海中等收入群体状况调查研究》，上海社会科学出版社2002年版。

② 黄维德、陈欣："上海中等收入群体的划分及特征"，《上海综合经济》2004第8期，第59—60页。

③ 刘伟、周月梅、周克："中国中等收入家庭界定方法探讨"，《经济评论》2007年第1期，第51—56页。

④ 庄健、张永光："基尼系数和中等收入群体比重的关联性分析"，《数量经济技术经济研究》2007年第4期，第145—152页。

⑤ 朱长存："城镇中等收入群体测度与分解——基于非参数估计的收入分布方法"，《云南财经大学学报》2012年第2期，第63—69页。

⑥ 陈娟、孙敬水："我国城镇居民收入不平等变动实证研究——基于收入分布变化分解的视角"，《统计研究》2009年第9期，第77—81页。

制定政策措施的建议。

（三）有关概念辨析与本文研究问题定义

1. 中等收入和中等收入群体

为了更好地理解中等收入的含义，本文将中等收入分为两类，分别是：

（1）第一类中等收入：即根据我国居民收入水平相对落后的状况，大体比照发达国家的中产阶级或中等收入阶层的收入水平。又可以称之为“激励性中等收入”。这个中等收入标准往往比较高，其计算都是以激励性为主，为国家和社会发展提供方向与鼓励的作用。由这类中等收入的概念延伸出来的标准是我国的绝对标准。

（2）第二类中等收入：即现实分配中处于中间水平的居民收入，亦可称之为“公平性中等收入”。这类中等收入刚好与第一类中等收入的定义相反。第二类中等收入反映了收入分配的公平程度，它从模糊意义上讲是指介于高等收入和低等收入之间的一种收入水平状态。从收入的绝对量上能够看做是收入水平处于一定区域范围内全体居民某段期间平均收入程度左右的收入。凭借第二类中等收入的定义我们能够获得我国中等收入的一个相对标准。

近年来我国很多学者制定了各种中等收入标准，它们都属于第二类中等收入所对应的相对标准，都是在我国的平均收入水平上进行分析，其目的是为了更快地达到社会公平。第二类中等收入的标准是多变的（随着每年居民收入水平发生变化而变化）。中等收入群体所占比重很可能是固定的（按照五等分法，中等收入群体所占比重始终是60%）。本文认为，研究第二类中等收入的标准意义不大，因为标准多变，而且低水平经济发展条件下（特别是“吃大锅饭”条件下），中等收入群体所占比重很高，其实居民生活水平较低。而第一类中等收入的标准是相对稳定的，中等收入群体一般会随着经济发展水平而逐步扩大。中等收入群体所占比重大小首先反映了居民生活水平的高低，其次也反映了分配的公平程度。因此本文将重点研究第一类中等收入，以求得到一个绝对标准。

在上面两种中等收入概念的基础上，我们可以得出不同的中等收入者，而这些不同的中等收入者就会构成不同概念的中等收入群体。第一类中等收入对应的是第一类中等收入群体，这个群体即激励性中等收入群体是某区域在一段期间内收入水平处于中等区间范围内的所有人员的团体，是全部处于第一类中等收入标准内的人员（或家庭）的总和。目前，在我国，按照这类标准来讲，中等收入群体所占比例是比较小的，扩大这类群体也是我们需要努力的方向。第二类中等收入群体则代表着所研究国家或地区收入处于中间水平的所有人员的集合。以我国为例子，以五等分法划分的中下收入、中等收入、中上收入家庭就是第二类中等收入群体，它代表了数量上处于我国中间水平的收入群体。现在很多人都直接将处于这个收入水平的人归为中等收入者，其实这样的中等收入群体缺乏激励性和国际可比性，不利于达到我国目前所提出的目标。

2. 中产阶层

中产阶级的含义被提出其实已有很多年的历史，最早是在马克思和恩格斯的《共产党宣言》中被提到①。被大家耳熟能详的“中产阶层”来源于早期制度结构的历史概念，它原本代表了欧洲自由城市市民阶层的社会等级圈子。其实，中产阶层在数量有限时尚不能称之为阶级，它在政治上被看做是社会稳固的底子，在经济上被看做是增进消耗和内需的要紧群体，在社会文明上被看做是承载现代文化的主体。就全社会而言，在经济意义上中产阶层的崛起意味着连续巩固的成长力度的构成；而在政治的意义上，中产阶层的崛起意味着社会政治局面的平定与协作。对一个个的个体来说，中产阶层毫不意味着享受与奢侈，而是意味着义务和付出。以发达国家的现实状况为例，中产阶层是介入非当局机构和担当社会志愿者的重要力量，这恰是该阶层的社会职守和社会功效的表现。中产阶层之所以是一个有着强烈社会责任感的阶层，恰恰是由于该阶层有了基本生活的前提保证。社会学中，巨大的中产阶级群体一向被视为当代民主、富足、蓬勃社会的人群构造特点。学术界中很多人都认为，假如一个社会的构造达到“橄榄型”的理想状况，即富足与显贵、贫民与弱者都是少量，中产阶层盘踞主要流向，那这个社会就会变得稳固、理性、建设、求实，有利于推进创建相对大多数人福利的公平、公正的政治制度与经济制度。

从世界各国和地区的发展情形来看，以中产阶层为主的社会结构的形成，不单单意味着一批收入稳固、社会地位得体的人群的振起，更意味着因为有这种人群的兴起，而给社会带来的发展稳定、积极向上的环境。中产阶层的划分标准通常有三个，一是人均或家庭收入；二是职业；三是文化程度。大多数人，包含经济学家在内，都倾向于把收入当作区分中产阶层的重要准则。而在全世界的范围内，中产阶层的区分根据具体国情的差异标准也不相同。

---

① 周晓红：《全球中产阶级报告》，社会科学文献出版社 2005 年版。

3. 中等收入群体与中产阶层的关系

通过研究西方中产阶层的孕育及演变过程能够看到，“中产阶层”与“中等收入群体”是既有分别也有关联的两个群体观念。在这里主要讨论它们的不同之处。

首先，维度不同。从定义来看，中等收入群体代表着一个国家或地区的所有中等收入者，若用多种测定指标来测量这个群体的大小明显不符合实际，所以应该只从收入这个角度来测量中等收入群体，而中产阶层的测定标准是多维的，既包含收入这个因素，还包括职业、文化程度等因素。

其次，外延不同。如前面所述，中等收入者只能以收入来衡量，但中产阶层就包含多种因素，因此要成为中等收入者明显要比成为中产阶层容易得多。换句话说，两者的外延体现为包含于和属于的关系，即中等收入者包含中产阶层。

最后，两者主要特征的差别造成的趋向不同。中产阶层拥有这些特点：从数量上来看是收入、财产或其他可以用数字来衡量的指标都达到了一定程度，这种程度可以是比较富裕的小康水平的程度；而从质量上来看，如文化素质、职业种类等不可用数字来衡量的指标也有一定的高度。中产阶层的这些特点使得中产阶层只会往更高的水平发展而不会倒退。对于中等收入群体来说，它应该能满足中产阶层数量上的水平，而且也应仅限于收入这一方面（不包括金融资金或财产等），却不可能完全具备中产阶层所具有的那些质量上的特点。也就是有着这样的原因，中等收入群体才不能简单地等同于中等阶层，只能说中等收入群体是成为中产阶层的一个初步形态，这还是从不严格的意义上来看的。因此，在未来的日子里，我们应该努力地将现有的中等收入群体推上一个层次，从而才能更接近中产阶层这一形态。只有我国的中等收入群体可以踏入中产阶层，实现最终的共同富裕这个目标也就指日可待了。当然，我们在发展中等收入群体的时候要重点关注中等收入群体的趋向，避免中等收入者又变回低收入者。

由上面所说的中等收入群体与中产阶层的差别可以看到，在研究我国中等收入群体的时候不能说成是研究我国的中产阶层，因为两者之间有着不可忽视的区别。本文从可测量性和可操作性的角度来考虑，认为中等收入群体的概念更适合中国国情，必须服从以收入水平作为测定标准的原则。因为要测量中产阶层，我们就要考虑到文化素质、职业类别等不可用数字来衡量的因素，这些质量型指标会使实际的测量操作无法进行。在理论和实际存在矛盾的时候，我们应该实事求是，不能被假设的理论所误导。所以，本文接下来的研究都将围绕中等收入群体这个概念进行。

（四）本文研究方法及创新

本文先通过比较不同学术领域对中等收入、中等收入者的不同看法，得出既符合理论又符合现实的定义，再根据一定的原则确定中等收入的绝对标准和相对标准，并进行适当的调整，最后运用核密度估计法测算出我国中等收入群体所占的比重。

创新之处主要在于：制定标准的合理性较高，以往大多数人在确定中等收入群体的标准时经常直接采用国外的标准，或者将国外的标准套在对中国的研究上，或者将某一地方的标准套在其他区域上，所得出来的这些标准其实都是相对标准，只不过参照物不同而已。而本文重点研究绝对标准，并针对不同时期区别分析。

二、中等收入界定标准研究

（一）绝对标准和相对标准

中等收入标准有绝对标准和相对标准之分。绝对标准具有激励性，严格来说，它是国际范围内受到认可的一个中等收入水平；相对标准则是在一段时期里，全部居民中平均收入上下的收入水平。绝对标准与相对标准可能会有很大的差距，比方说，当前世界上有些贫困的国家整体收入水平在国际公认的贫困线上下，如果考察这些贫困国家的中等收入群体，得到的结果肯定也是处于相当低的水平，也就失去了本来的意义。设定中等收入绝对标准的意义在于：认清我国中等收入所处的位置，具有相当程度上的激励作用，同时可以进行国际对比分析。因此，参照发达国家中产阶层的收入水平来确定我国中等收入的绝对标准有一定意义。而设定中等收入相对标准的意义是：在五等分组或七等分组下测算我国当前有多少居民处于收入整体的中间水准，并为提高中等收入群体的比重提供详细依据，继而增添社会的公平程度。本文主要以对绝对标准研究为主。

（二）我国中等收入标准确定原则

1. 可支配收入原则

标准应唯一，既要考虑到科学性，又要便于操作。有别于中产阶级的概念，不看财产、人均GDP，不看学历、地位、职位、工作性质，只看人均可支配收入（或农村居民人均纯收入，但是农村居民人均纯收入是中国特色的指标），否则会给实际操作带来极大困难。

2. 可比性原则

这里的可比性主要是指国际上的可比性。自从加入世界贸易组织后，我国成为一个更具开放性的社会，人们的生活水平和生活方式有了在全世界范围内对比的可能，因此，要参考主要发达国家的实际生活水平和国际上对发达程度的认可标准，才可以使我国的中等收入概念具备足够的国际可比性，以防因标准定得过低而盲目乐观。中等收入的国际可比性体现了绝对标准设定的意义。

3. 激励性原则

本文提出的我国中等收入不是纯粹数学意义上处于中间位置的收入水平，而是（可支配）收入较高（不是较低、不是很高）的标准，类似于（但不完全等同于）国外“中产阶层”（或“中等收入”阶层）的收入水平。之所以设定一个相对较高的标准，一方面是基于全面建设小康社会的要求和“扩大中等收入者所占比重”的战略目标，另一方面则是统计的科学实用性所致。通俗点说就是，没有追求就没有压力，没有压力就没有动力，为达到小康水平乃至共同富裕的目标，充足的动力是必不可少的。

现在的主要问题是防止中等收入标准偏低。比如朱妙宽①测算出来的标准：年人均可支配收入为1万—4万元，国家发改委宏观经济研究院课题组提出的标准是：年人均可支配收入1.8万—5.4万元（见表1）。

表1　　我国城镇居民可支配收入情况　　单位：元

分组	朱妙宽预测2020年	2010年实际	2012年实际
最高收入户	62455	51431	63824
高收入户	37532	31044	39605
中等偏上户	27923	23188	29813
中等收入户	20817	17224	22419
中等偏下户	15379	12702	16761
低收入户	11354	9285	12488
最低收入户	7408	5948	8215

① 朱妙宽：“合理确定中等收入标准”，《广西经济管理干部学院学报》2007年第19期，第84—85页。

从表1可以看到，朱妙宽确定的标准过低，在2012年我国城镇居民可支配收入就已经超过了他预测的2020年的标准。国家发改委宏观经济研究院课题组预测：2020年城镇居民人均可支配收入18000元（2000年不变价），农村居民人均纯收入8000元（2000年不变价）。实际上2012年城镇居民人均可支配收入24565元，2013年农村居民人均纯收入8896元，即使消除价格影响，这个预测也比较悲观，而且，把我国的中等收入标准定得太低是没有任何意义的。

4. 相对稳定性原则

我国中等收入应具有一定的稳定性，换句话说，若购买力基本相同，我国各地区、不同时间的中等收入标准也应一致。在前面已经说过，中等收入群体是比较接近中产阶层的群体，处于第一类中等收入水平的所有人都是比较接近小康水平的。从实践来看，要达到全社会的小康水平，就要在已有基础上继续发展。这个前提就是说基础要稳固，不能因为受到一点影响就改变。同时，大力发展新的中等收入群体必须共同前行，低收入者经过国家或高收入者的帮助和自己的努力，可以上升到中等收入的水平。中等收入群体必须具备稳定而持久的收入，否则从中等收入水平落入低收入水平也是有可能的。

5. 地域性原则

所谓的地域性，是指不同地区商品购买力存在差异，不同地区的中等收入标准也会存在差异。因为我国具有人口基数大、地域广阔、资源分布不均等特点，所以不同地区之间的经济发展水平肯定存在不同程度的差距。例如，某英国媒体公布的“2012年中国人均GDP排行榜”显示：人均GDP排名第一的上海市是73297元，而排名倒数第一的贵州省只有13221元，两者相差4.5倍。同样，城镇居民人均可支配收入，最低的西藏自治区只有13544元，比最高的上海市36230元少了1.7倍。若用同一标准计算其中等收入群体所占比重，势必出现前者偏低，而后者过高的结果。因此，研究我国的中等收入水平界定务必思考其地域性特点。

6. 动态性原则

“中等收入”是一个不断变化的概念，即使是同一地域，其不同时期的中等收入标准也是不同的。在市场经济条件下，价格水平会不断地影响一个国家的经济发展状况，从而影响到一国对经济发展所作的政策决定。价格总水平的状况，不仅是经济增长和货币供应是否适度的反映，而且关系到每个人的切身利益。在当前经济运转过程中，价格总水平受到各种因素的影响，会不断变化和运动。因此，考虑到物价的变动，我国的中等收入标准也不是一成不变的。上述稳定性原则是基于购买力（物价）不变时提出的，动态性原则是相对于物价变化时提出的。当然从长远来看，经过一个较长时期（如 30—50 年），世界经济发生了很大的改变，世界主要国家中等收入阶层划分标准也发生了较大变化，我国中等收入标准也应变化，这也是动态性原则的体现，本文暂不考虑这点。如果不久后世界主要国家的中等收入阶层划分标准发生变化，可以按本文确定的可比性进行原则性调整。

（三）我国中等收入初步标准

近年来，国内学者对于我国中等收入者的标准开展了诸多研究，也给出了各种标准。如国家发展改革委就曾经提出过我国中等收入者的划分标准为家庭人均可支配收入 18000—54000 元；苏海南则认为中等收入者标准应该是个人年收入介于 4 万—8 万元；刘福垣认为我国中等收入者标准是人均可支配收入介于 26000—52000 元。但是这些标准显然缺乏国际可比性和激励性，它们更大程度上是为了解决公平问题而提出来的。

就目前世界各国的经济发展情况来看，不同国家或地区之间存在很大的差别。所以无论是研究哪一种经济现象，都不能直接将一国的经验和结果直接运用到另一国上。而研究我国的中等收入标准更是如此，应该充分考虑我国与其他发达国家之间的差距，不能生搬硬套。对比中国而言，主要发达国家的中等收入标准肯定要高得多，如美国的中产阶级标准是家庭年收入在 4 万—20 万美元，德国的标准为 4 万—10 万美元，与瑞典较为接近，日本的中等收入标准为 4.4 万—6.8 万美元等（如表 2 所示）。

表 2　　不同国家或地区中产阶层或中等收入的划分标准

国家	家庭年收入（万美元）	转换为人民币（万元）	2010 年家庭平均人口（人）	人均可支配收入（万美元）
美国	4—20	15.96—79.80	2.6	6.14—30.69
英国	3—8	11.97—31.92	2.9	4.13—11.01
德国	4—10	15.96—39.90	2.1	7.60—19.00
瑞典	4—10	15.96—39.90	2.2	7.25—18.14
日本	4.4—6.8	17.56—27.13	2.4	7.32—11.30

续表

国家	家庭年收入（万美元）	转换为人民币（万元）	2010 年家庭平均人口（人）	人均可支配收入（万美元）
韩国	2—3.6	7.98—14.36	2.7	2.96—5.32
中位数	—	—	—	6.70—14.72

资料来源：家庭年收入源于湖北省统计局课题组，各国 2010 年家庭平均人口分别根据美国人口调查局、英国国家统计局、德国联邦统计局、瑞典统计局、日本总务省、韩国统计厅和《中国统计年鉴》公布的数据估计而来。

为了进行国际比较，本文通过购买力平价换算将人民币标准与国际标准互相转换。由于汇率不可以完整体现互相对比的国家之间综合价格水平的比例关系，而购买力平价实质上是一个特别的空间价格指数，与汇率不一样，它可以对比某段期间内两个国家的综合价格水平，所以，把购买力平价当作货币转换因子，更能满足收入的国际比较。根据国际货币基金组织的数据，按购买力平价衡量的中国 2010 年人均 GDP 为 7518 美元，由国家统计局公布的数据中人均 GDP 为 29992 人民币元，因此可得 2010 年美元兑人民币的购买力平价汇率为 1 美元 = 3.99 人民币元。利用该汇率对美元标准进行换算可得出一个以人民币为单位的标准，如表 3 所示。

本文取这几个国家的收入上下限的中位数作为我国中等收入群体的一个初步绝对标准。之所以不使用平均数或者众数，是因为我们要考虑作为例子的这几个国家之间的标准和经济差距。为了得到不受偏大或偏小数据的影响，更公平稳健的数据，我们选择中位数，这样更接近整个数据的平均数据。通过表 2 的换算并取中位数得其范围为 6.7 万元到 14.72 万元，若按我国家庭平均人口为 3 人来算，家庭年收入的范围是 20.1 万元到 44.16 万元。但是我们应当考虑到这些发达国家的标准比我国要高，同时在选择中位数的过程中可知美国、德国和瑞典 3 国的上限较高，因此可适当降低下限标准和提高上限标准。那么选取一个整数就可以考虑我国中等收入初步绝对标准为：人均可支配收入 6 万—15 万元，按照 3 口之家计算家庭年收入为 18 万—45 万元。

（四）我国中等收入基本标准

本文描述了我国中等收入标准的几个原则，其中可比性和激励性两点最为鲜明，得出的初步标准充分满足了可比性原则，接下来我们要对这个初步标准进行适当的调整以使其符合激励性原则。

首先要对2020年时居民收入进行预测。党的十八大报告中就把实现国内生产总值和城乡居民人均收入比2010年“翻一番”作为我国2020年的经济目标。假设2010年各组居民收入水平的平均数都翻了一番，则城镇居民收入情况如表3所示。

表3　　按收入等级分居民人均收入情况　　单位：元（2010年价格）

组别	2010年	2020年
最低收入组（10%）	5948.11	11896.22
较低收入组（10%）	9285.25	18570.50
中下收入组（20%）	12702.08	25404.16
中等收入组（20%）	17224.01	34448.02
中上收入组（20%）	23188.90	46377.80
较高收入组（10%）	31044.04	62088.08
最高收入组（10%）	51431.57	102863.14

全面建成小康社会中的中等收入群体比重应在一定范围之内。据中国社会科学院2010年《社会蓝皮书》披露，在工业化中期阶段，一个国家或地区中等收入群体的比重一般在22.5%—65%。我们可以依据我国中等收入初步标准预测2020年我国中等收入群体所占比重，并据此比重范围对初步标准进行调整，进而得到我国中等收入的基本标准。如果在市场经济发达国家对收入进行五等分，得到的中等偏下、中等和中等偏上是可以合称为中等收入的。由于历史发展所导致的起步不同原因，发达国家并不存在效率与公平出现矛盾的现象。然而，我国在改革开放以来过度关注经济效率的提高而忽略了公平的维护，导致我国目前的分配出现了不均匀的现象，最终的结果表现为如今收入平均数不高或者说是偏低。所以，本文以高于平均收入水平（中等收入组）的中上收入组水平为基础。从表3来看，按五等分法划分的中上收入组占了40%。而大多数发达国家，如日本、瑞典、德国等都是收入分配高度均等化的国家，它们的中等收入群体所占比重很大，即便是美国其2010年时高收入组所占比重也只有3.8%。因此，按上述预测结果我们可考虑中等收入下限大约确定在5万元（由6万元下调至5万元，即下调20%左右后取整数），同样上限也下调20%左右确定为12.5万元（即15万元下调至12.5万元），家庭年收入为15万—37.5万元（3口之家）（3.76万—9.40万美元），估计人均收入处于4.6万—5万元和高于12.5万元的群体占比不超过中上收入组及以上的17.5%，那么城镇居民完全能满足中等收入比重不低于22.5%。

（五）我国中等收入动态标准

近年来，伴随着我国经济快速增长，消费者物价指数（CPI）也在较快变化。CPI 对不同收入群体的影响不同，因为不同收入群体所消费的商品组合不同。比如说高收入群体通常消费耐用品，中等收入群体和低收入群体则更多地消费非耐用品。近年来商品价格在不断上涨，其中耐用品上升的幅度一直小于 CPI 的增长速度，而非耐用品尤其是食品类商品价格上涨幅度自 2002 年以来一直大于 CPI 的增长速度。对高收入群体来说，其在非耐用品上的消费很小，所以说高收入群体基本上不受 CPI 的影响。相反，由于中等收入群体和低收入群体在非耐用品尤其是食品上的消费更多，所以受 CPI 增长的影响大得多了。2011 年、2012 年食品价格分别上涨 11.8%、4.8%，分别超过当年 CPI 增速 6.4 个、2.2 个百分点。与高等收入群体的情况不同，这一部分的持续增长对中、低收入群体的整体生活水平影响要明显得多。

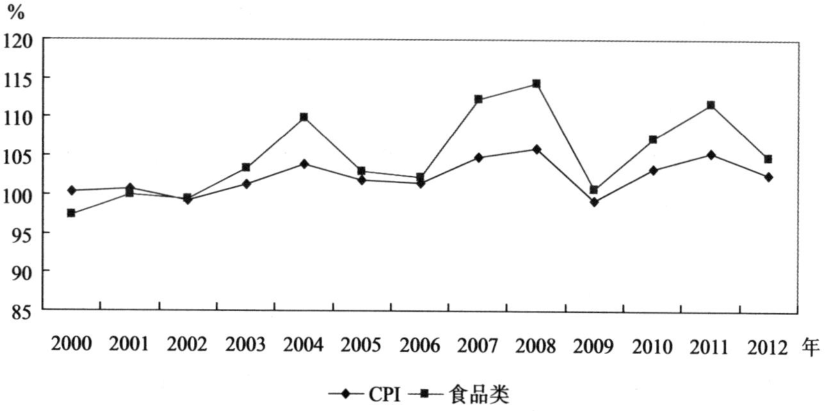

图 1　CPI 与食品类居民消费价格指数变动情况（2000—2012 年）

由图 1 可以看出，自 2002 年以来，我国食品价格上涨速度一直大于平均价格的增速即 CPI 的增速。因此，不可忽视这样一个事实：物价水平变动直接影响我国中等收入群体的生活水平，从而导致收入标准的变动。鉴于这个事实，本文以 CPI 的变动为系数，对我国中等收入基本标准进行调整，进而得到我国中等收入动态标准，即：

我国中等收入动态标准 = CPI × 我国中等收入基本标准

这样我们就能将中等收入群体的收入标准进行纵向对比。本文以 2000—2012 年为例，利用上述公式估算出 13 年的中等收入标准，如表 4 所示。

表 4　我国不同时期的中等收入标准（人均可支配收入）

年份	下限（元）	上限（元）
2000	40468	101170
2001	40751	101878
2002	40425	101063
2003	40910	102276
2004	42506	106265
2005	43271	108178
2006	43920	109801
2007	46028	115071
2008	48744	121860
2009	48403	121007
2010	50000	125000
2011	52700	131750
2012	54070	135176

（六）我国中等收入地区标准

众所周知，地区收入差距一直是我国经济发展中存在的问题。由于各地区的价格水平不一样，尤其是某些不能在不同区域流动和交易的商品和服务，如住房、医疗服务、餐饮服务、教育等，不同区域的价格差距很大，有些还会达到数倍以上。价格差距越大，收入水平就越不能反映真实的生活水平。因此，有必要用价格因素消除货币收入的偏差，进而反映真实水平。商品在不同区域的价格有差别，也就意味着同一货币在不同区域对该商品的购买力不同。在这种情况下，我们可构造空间价格指数对我国中等收入基本标准进行调整，进而得到适用于不同地区的收入标准。

通常来说，价格指数的构建是采用双边比较方法的，但为了更全面具体地比较我国不同地区间的价格水平，我们考虑利用多边比较方法对空间价格指数进行构建。以 Robert J. Hill 所提出的图论方法为基础，O. Elteto、P. Koves 和 B. Szulc 各自提出了 EKS 法。这种方法的根本构造是一个能够进行随意两个区域之间双边对比的完整图，若考虑对象有 N 个，则可以看做是 N 个星图形成的树，每一个星图的中心是一个不同的地区。我们所要构建的空间价格指数就是某地区与周围（N－1）各地区的价格指数的几何平均数。换个说法，EKS 法是将某区域的价格与体现全部地区价格水平的综合价格进行比较，从而得出该地区的空间价格指数。该方法所运用的公式由知名统计学家 Corrado Gini 在 1931 年提出，如式 1 所示：

$$P_m = \left(\prod_{n=1}^{N} P_{mn}\right)^{1/N} \tag{1}$$

其中，P_m 指地区 m 的价格指数；P_{mn}表示地区 m 和地区 n 之间的双边价格指数，是利用费希尔公式（式 2）计算得到。

$$P^f_{mn} = \sqrt{P^L_{mn} \times P^P_{mn}} \tag{2}$$

式 2 中 P^L_{mn}、P^P_{mn}是基于拉氏指数和帕氏指数的价格指数，其公式如下：

$$P^L_{mn} = \frac{\sum_{i=1}^{k} p_{in} q_{im}}{\sum_{i=1}^{k} p_{im} q_{im}} = \sum_{i=1}^{k} \omega_{im} \times \left(\frac{p_{in}}{p_{im}}\right)$$

$$P^P_{mn} = \frac{\sum_{i=1}^{k} p_{in} q_{in}}{\sum_{i=1}^{k} p_{im} q_{in}} = \frac{1}{\sum_{i=1}^{k} \omega_{in} \times \left(\frac{p_{im}}{p_{in}}\right)} \tag{3}$$

其中，ω_{im}和 ω_{in}分别表示第 i 种物品在 m 地区和 n 地区的消费比重；k 表示商品项目编号。

本文考虑到数据收集和处理方面的问题，根据《中国统计年鉴》和中国价格信息网所提供的数据信息，选取了我国 31 个省、市、自治区进行空间价格指数的构建，包含北京、天津、河北、山西、内蒙古、辽宁、吉林、黑龙江、上海、江苏、浙江、安徽、福建、江西、山东、河南、湖北、湖南、广东、广西、海南、重庆、四川、贵州、云南、西藏、陕西、甘肃、青海、宁夏和新疆。另外，由于生产产品和服务项目繁多，要计算各种物品在不同地区所占的消费比重是不切实际的，所以本文利用国家统计局公布的各地区城镇居民家庭平均每人全年消费性支出数据来计算比重。依据统计局的分类方法将居民消费支出分为八大类，如表 5 所示。

表 5　　商品及服务项目分类情况

一级分类	二级分类	三级分类
食品	肉禽蛋	鲜猪肉、鸡蛋
	蔬菜类	青椒、尖椒、韭菜、胡萝卜、大白菜、园白菜、蒜头
	水产品	海虾、鲤鱼
	水果类	西瓜、香蕉

续表

一级分类	二级分类	三级分类
衣着		男士毛衣、女士毛衣
居住	物业 水电 燃料	大学生公寓住宿费、物业服务费 居民生活用水、污水处理费、居民用电 液化石油气、管道天然气
家庭设备及用品		彩电、洗衣机、空调机、冰箱、手机
医疗保健		挂号费、诊查费、注射费、化疗费、检查费、床位费
交通和通信	交通运输 电信	公共汽车普票、出租汽车起步价 本地网营业区内通话费、本地网营业区间通话费
文教娱乐服务		有线电视收费、上网费用、综合大学学费、 普通高中学费、普通职业高中学费
其他	烟 酒	国产烟、进口烟 啤酒、白酒、葡萄酒

《中国统计年鉴》提供了一级分类中各类消费支出，我们可运用此数据计算式 3 的消费比重 ω。而 p_{in}/p_{im}和 p_{im}/p_{in}表示为一级分类商品价格指数，只要对其三级分类商品价格指数进行简单几何平均即可求出。最后求得全国 31 个地区的价格指数并利用它对中等收入基本标准进行调整，得到 31 个地区的不同收入标准，如表 6 所示。

表 6　　全国 31 个地区空间价格指数及其中等收入标准（2010 年）

地区	价格指数	下限（元）	上限（元）
广东	1.1655	58275	145687.5
海南	1.1465	57325	143312.5
浙江	1.1418	57090	142725.0
内蒙古	1.1109	55545	138862.5
上海	1.0874	54370	135925.0
西藏	1.0812	54060	135150.0
江苏	1.0668	53340	133350.0
重庆	1.0585	52925	132312.5
福建	1.0581	52905	132262.5
黑龙江	1.0347	51735	129337.5
北京	1.0167	50835	127087.5

续表

地区	价格指数	下限（元）	上限（元）
陕西	1.0132	50660	126650.0
四川	0.9999	49995	124987.5
广西	0.9985	49925	124812.5
湖南	0.9911	49555	123887.5
宁夏	0.9881	49405	123512.5
新疆	0.9834	49170	122925.0
吉林	0.9823	49115	122787.5
江西	0.9806	49030	122575.0
云南	0.9767	48835	122087.5
青海	0.9721	48605	121512.5
天津	0.9715	48575	121437.5
安徽	0.9654	48270	120675.0
湖北	0.9533	47665	119162.5
甘肃	0.9475	47375	118437.5
辽宁	0.9432	47160	117900.0
山东	0.9415	47075	117687.5
山西	0.9312	46560	116400.0
河北	0.9211	46055	115137.5
贵州	0.8946	44730	111825.0
河南	0.8346	41730	104325.0

不同地区价格指数对当地居民的购买能力有明显影响，而购买力的差异就会导致不同地区有不同的收入标准。从表6可以看到，价格指数最高的3个地区依次为广东、海南、浙江；价格指数最低的地区依次为河北、贵州、河南；而价格指数最接近1的地区有四川和广西。其含义是，购买同样一组产品和服务，如果在四川要花费10000元，则在广东、海南和浙江分别要花费11655元、11465元和11418元，而在河北、贵州和河南只需花费9211元、8946元和8346元。用价格指数对收入标准进行调整，也就是说，当广东、海南和浙江3个地区的人均可支配收入水平为全国基本标准的1.1655倍、1.1465倍和1.1418倍时，它们的消费能力就与全国平均消费能力一样。而对河北、贵州和河南3个地区来说，只要它们的人均可支配收入水平达到全国基本标准的92.11%、89.46%和83.46%，它们的消费能力就能追平全国平均消费能力。

所以，在我国中等收入基本标准为5万—12.5万元的基础上，利用空间价格指数进行调整后得到的不同地区的收入标准才更能代表实际水平。四川省是最接近全国基本标准的地区，其中等收入标准为49995—124987.5元；广东省是超出全国基本标准最多的地区，其中等收入标准为58275—145687.5元；而河南省是这31个地区中货币购买力最高的地区，其中等收入标准为41730—104325元。

三、我国中等收入群体所占比重测度方法

（一）核密度估计法简介

核密度估计法是用来估计收入分布密度函数的非参数检验方法之一，由Rosenblatt（1955）和Parsen（1962）提出，Ruppert和Cline基于数据集密度函数聚类算法提出了订正以后的核密度估计方法。该方法是基于给定的核函数来推算样本的密度函数，从而找出其分布状态。假设，寻求一个随机变量X的概率密度函数$f(x)$，这里对于X的分布不强加任何形式的函数假定，其估计量用$f_n(x)$表现。在特定的假设条件下，可以推导出核密度估计量的形式如下：

$$f_n(x) = \frac{1}{nh_n}\sum_{i=1}^{n} K(\frac{x - X_i}{h_n}) \tag{4}$$

其中，$f_n(x)$为总体未知密度函数$f(x)$的核密度估计；$K(\cdot)$为核函数；h_n是一个同n有关的正数，称为带宽。

核函数用于表示任意的光滑函数$K(\cdot)$，是用来取局部均匀的，为确保收入密度函数$f_n(x)$作为概率密度函数的合理性，既要确保其非负性，又要确保积分的结果为1。经常使用的核函数有Boxcar核、Epanechikov核、Tricube核和Gaussian核等，但关于核密度的估计，不论是从经验角度或是理论角度，核函数的选取都不是最重要的。在样本容量足够大的情况下，且带宽h_n是最优的选择时，则所得核密度估计的表现几乎都相同。

对于收入密度函数的任何一个估计，带宽h_n的选择是核估计能否成功的关键。从理论上说，带宽h_n随n增大而下降，即随着$n \to \infty$而趋于0。h_n取得太大时，因为x通过压缩变换（$x - X_i$）/h_n之后平均化作用突出了，而淹没了密度的细节部分，反之过小了，则会致使随机性的影响增加，从而使f_n（x）

呈现很不规则的外形，这可能掩盖 $f(x)$ 的重要特性。事实证明，带宽 h_n 选大了会增添估计偏倚，而选小了又会加大方差。好的带宽选取方法务必衡量偏倚和方差，不妨用渐近积分均方误差 AMISE（Asymptotic Mean Integrated Square Error）来估计偏倚和估计方差进行掂量，AMISE 的定义为：

$$\text{AMISE}(h_n) = \frac{\mu^2(K) h_n{}^4}{4} \int |f''(x)|^2 dx + \frac{R(K)}{nh_n} \tag{5}$$

对上式求最小值得到最佳带宽为：

$$h = \left[\frac{R(K)}{\mu^2(K) \int |f''(x)|^2 dx} \right]^{1/5} n^{-1/5} \tag{6}$$

由于式 6 涉及未知的密度函数，不能直接用于密度函数的估计，因此我们采用 Silverman（1986）的方法，并用样本标准差来估计 σ，可以推导出不同核函数对应的最优带宽。其中，本文运用到的 Gaussian 核函数所对应的最优带宽是：$h_G = 1.06 s_x n^{-1/5}$，其中 s_x 代表样本标准差。

（二）数据说明及主要步骤

1. 数据说明

从目前国家统计局和各地区统计部门公布的数据来看，没有收集和汇总居民收入的具体数据，或者整理出来却没有公布。在已公布的统计数据资料上只能看到五等分法下的不同收入家庭的情况。因此，就算我们运用参数方法，也没有可供使用的数据。没有了有效数据这个前提，计算我国中等收入群体的所占比重，了解我国居民收入分布情况，或者观察居民收入分布的变化，都是不可能的。所以本文考虑到数据的可得性和研究的可行性，决定首先分析中国健康和营养调查（China Health and Nutrition Survey，简称 CHNS）中的个人收入数据，然后利用我国西南某省 2012 年的居民收入数据做一个对比。

参数方法以足够数量的数据为基础，非参数方法更是如此，甚至要求的样本数据量更大。但是我国目前对居民收入的调查体系尚未完善，要想得到具有代表性的全部地区的收入数据几乎是不可能的。因此，本文从可获得性和数据有效性两方面考虑，决定采用 CHNS 的收入数据。不过该调查的收入数据并非是全国性的，只是包含了我国某些地区，而且其数据收集或整理，抑或是计量单位，都与实际统计部门的做法不同。也就是说，利用这些数据有着一种理想状态的假设，其结果与实际结果或者是其他统计部门的分析结论肯定有所不同。这里所说更多的不同在于，该调查的收入数据明显偏低，可能导致最后比重测算的结果也跟着偏低。因此，利用这些数据不是为了与现有结果进行对比，更多地是为了验证本文所确定的中等收入标准的合理性。从 CHNS 调查数据中可以得到 2003 年、2005 年、2008 年和 2010 年的居民收入和家庭收入等微观数据。

2. 应用核密度估计法估算我国中等收入群体比重的主要步骤

首先，寻找连续的、真实性高的、足够多的数据。无论是参数方法还是非参数方法，缺乏足够的有效数据就无从入手。

然后，选择合理的核函数。由于不同的核函数对收入密度函数的估计结果影响不大，有时候甚至没有影响。所以接下来的研究使用被普遍运用的 Gaussian 核函数。本文从方差最小的角度出发，考虑令 AMISE 最小，从而确定带宽的大小。

以 Gaussian 函数为核函数的我国居民收入密度函数的核密度估计形式为：

$$f_n(x) = \frac{1}{\sqrt{2\pi}nh_n}\sum_{i=1}^{n} e^{-\frac{(x-X_i)^2}{2h_n^2}}$$

最后，利用积分原理计算比重。通过 R 语言运算得到不同年份的和不同范围的居民收入密度函数的核密度估计结果，然后依据上文所确定的基本标准、动态标准或地区标准，通过对这些标准进行积分得到不同标准下的中等收入群体比重。

（三）我国中等收入群体比重测度

依据上文所述 Gaussian 核函数所对应的最优带宽 $h_G = 1.06s_x n^{-1/5}$，分别计算不同年份的带宽，得到如表 7 所示的结果。

表 7　　历年最优带宽结果表

年份	2003	2005	2008	2010
h	1208.61	1931.31	2908.95	3338.90

利用 R 语言运算可以画出历年的收入密度函数曲线图，还可以从曲线图的形状观察中大致验证所选带宽是否最优。在这里我们不对各年的收入密度函数曲线一一进行验证，只列出了 2003 年和 2010 年的收入密度函数曲线图，如图 2 和图 3 所示。从这两个图可以看到，曲线并没有出现不规则的形状，即没有掩盖其收入分布的特性，所以可以说依据方差最小的方法求出的带宽还是比较合理的。

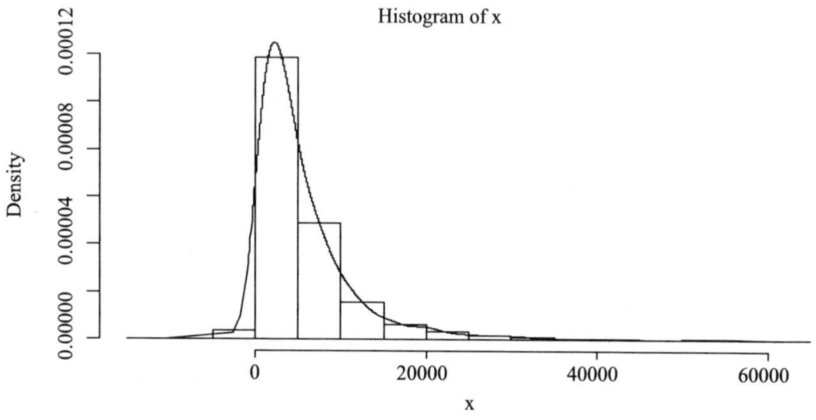

图 2　2003 年居民收入密度函数曲线图

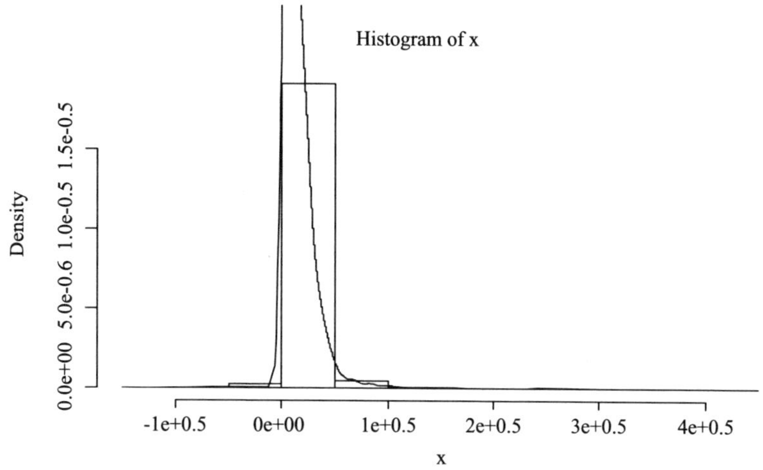

图 3　2010 年居民收入密度函数曲线图

根据本文所确定的我国中等收入动态标准，结合历年的收入密度函数，就可以得到我国 2010 年中等收入群体比重为 2.5%。

若按人均收入比 2010 年“翻一番”的目标，我们以 2 为系数对 2010 年的收入数据进行修正，得到 2020 年的收入预计数据。仍以 5 万—12.5 万元作为估算 2020 年中等收入群体所占比重的标准，得到的结果为 16.43%，低于 22.5%。而造成这种差别最大的原因可能是居民收入调查的数据低于真实水平，也就是说 CHNS 的数据低于实际收入水平，从而产生了比重偏低的结果。

为了进一步验证我国中等收入标准的界定是否合理，本文利用我国西南某省 2012 年的居民收入微观数据（国家统计局某调查总队居民住户调查数据，该数据样本量大，权威准确）再做一次核密度估计并求比重。根据本文所确定的中等收入动态标准可知 2012 年的标准为 54070—135176 元，利用 R 语言对该省数据进行计算，得到该省 2012 年的中等收入群体所占比重为 3.73%。同样，考虑对该省 2020 年的中等收入群体所占比重进行估算，此时可以 1.8 为系数对原始收入数据进行修正。再次根据我国中等收入基本标准 5 万—12.5 万元对修正以后的数据进行比重测算，得到的结果为 30.64%，超过了 22.5%。

从上述的结果可以看到，首先，根据本文所确定的中等收入标准，尤其是动态标准的角度下估算出来的我国中等收入群体比重是在持续上升的，这样的结果符合我国现实情况。其次，与 CHNS 偏低的收入数据不同，将范围缩小至某一省份可以大大减少抽样误差，提高估计的精确度，或者说调查范围相对较小的收入数据更接近于真实的收入水平，而数据有效性的提高就更加体现了比重测算结果的准确性。因此，从该省中等收入群体所占比重超过 22.5% 的结果可以知道，本文以全面建设小康社会的目标为依据而确定的我国中等收入标准是比较合理的。最后，从该省目前的情况来看并不乐观，目前其中等收入群体比重仅为 3.73%，要在 2020 年达到预估的 22.5% 以上，就不能有所懈怠，应该在继续大力发展经济的同时注重收入分配公平。

四、结论、建议与研究展望

（一）本文的主要结论

（1）目前国内外对中等收入相关概念的研究看法和观点众多，没有统一的结论，在这样的基础上所做的研究让人难以信服。根据我国现实情况，可将中等收入分为两类："第一类中等收入（激励性中等收入）"和"第二类中等收入（公平性中等收入）"，对应的中等收入标准分别是绝对标准和相对标准。现阶段研究重点应放在第一类中等收入上面，并使我国中等收入标准逐步向国际水平看齐。

（2）我国中等收入标准的界定应符合六个原则：可支配收入原则、可比性原则、激励性原则、相对稳定性原则、地域性原则和动态性原则。根据这些原则确定的我国中等收入基本标准为人均可支配收入为 5 万—12.5 万元，这样的标准既具有国际可比性，也符合中国国情。同时，根据空间价格指数和居民消费价格指数对基本标准进行调整就能得到我国中等收入的地区标准和动态标准。

(3) 利用核密度估计法可知，根据 CHNS 调查数据，估计 2020 年中等收入群体比重达到 16.43% (假设 2010 年居民收入翻番得到 2020 年的数据)，增长速度在不断加快，其原因不仅有经济高速增长的推动，还有公平分配关注度的不断提升，社会各界越来越意识到扩大中等收入群体比重的重要意义。但是，目前这一比重还是偏低，有必要采取一定措施为扩大中等收入群体比重作努力。

(二) 扩大我国中等收入群体比重的政策建议

1. 继续大力发展经济

历史的经验告诉我们，无论是政治体系的完善、文化价值的提高，还是生态环境的保护，都是建立在经济足够发达的基础上。没有稳定的经济基础，也就没有其他方面的发展和创新。因此，在当今社会日新月异的形势下，尤其是在金融危机的局势下，要继续大力发展经济，努力达到国内生产总值的增长目标。经济发展的推动极其需要政府的帮助，表现为市场交易和资源配置的有效监管。在当今出口与投资带动经济发展表现乏力的情况下，有必要扩大我国的内需，增加广大人民的消费。这就需要政府积极推动产业升级，抛弃过往的重工业投资带动方式，加速第三产业的发展，努力发展新兴产业，从而稳固经济基础。

2. 坚持和完善社会主义收入分配制度

要解决中等收入群体比重扩大的问题，就是要处理好收入分配的问题。扩大我国中等收入群体比重并不是要简单地把数量较多的高收入群体降低到中等收入群体中去，而是要增加低收入者和中等收入者的收入，尤其是加倍提高低收入者如我国农民的收入，从而使他们跨入中等收入群体。在初次分配中，要制订国家、企业和个人的公道合理的分配比例，正视劳动报酬所起的公平作用，进一步提高其在分配中的地位。再分配过程当中要在“提高、扩中、扶低”谋略的指导下，创建、调整和完善财政、税收、社会保障、法律体系，抑制高收入群体的膨胀，保障中等收入群体的权益，促成公职人员收入分派合理化，确保劳动收入的合理增加，适量提升最低工资标准，激励一部分低收入者向中等收入群体迈进。

3. 加强政府对收入分配的调节

第一，扶持自主创业、科技创业等人员进入中等收入群体。具备管理创新、技术创新的创业人才，经过自主创业、科技创业，创立中小企业，不但可以获得较高收入，逐步进入到中等收入群体中去，并且能够扩大就业，带动部分低收入者逐步提高收入水平。为此，要踊跃营建勉励创业人才自主创业、科技创业的战略环境，提供良好的有保证的金融环境，保障人才的创业与就业渠道。第二，进一步改良完善企业和党政机关、事业单位工资制度，适当地提高工资水平扩大中等收入群体规模。进一步改善企业薪酬规制，建立健全薪酬分配激励管制机制，合理提高重要关键岗位经营管理、专业技术人员的薪酬水平，进一步稳定和增加企业中的中等收入者数量。同时，创建科学完善的公务员薪酬规制，改良和完善事业单位工作人员收入分配制度，进一步扩大中等收入群体的比重。

4. 进一步推进城乡一体化

全面建成小康社会有一个显然易见的特征在于现代化程度较高，而一个国家的现代化水平在很大程度上能够从这个国家的城市化水平上体现出来。城市化程度的加深能够带来很多好处，比如说把农村里的剩余劳动力转移到城镇中去，进而在产量相对不变的情况下，农村的劳动生产率会明显得到提升，不仅使城镇务工人员收入提高，也会带来生产积极性的提高，进而提高农民的收入水平。农民收入得到了切实提高，这将会对我国和谐社会的构建提供很大的动力。因此，有必要加大力度去改革和完善城镇与农村分离严重的户籍制度，并对农村的土地加以有效利用。还要尽快使农村土地的使用市场化，在保证城镇化质量的前提下加速农村的城镇化速度。只有城乡发展真正达到平衡，才有足以支撑我国经济发展的稳定基础，才能不断扩大中等收入群体的数量。应力争在2020年使我国城镇化率达到60%以上，同时提高城镇化的质量，针对不同对象设立具有激励性的目标。

5. 切实提高农民的收入水平，加大农村教育的投入

要增加农民的收入，一个重要的路子是进一步推动农业劳动力的转移，提高农业劳动生产率。尽快消弭劳动力在城乡和地域间活动的体制性阻挠，推动城市化的健康发展，把城市化进程和进城农民的市民化进程紧密结合起来。加速第三产业发展，同时支撑劳动密集型和能源低耗型的第二产业成长。引导农民发展非农产业，增加其收入渠道。发展农村教育事业，提高农民工素质，特别是加强对农民工职业教育的培训。均衡城乡教学资源，为农村教育提供更多的资源。要从根本上消除城市教育与农村教育的差距，让农村孩子也能学习新科技、新知识，从而为扩大我国中等收入群体打下坚实的基础。

6. 完善社会保障制度

在当今的社会，很多人宁愿将工资存入银行也不愿拿去消费，出现这种现象的主要原因是社会保障制度的不完善导致人们对未来缺乏信心和安全感。尤其是大多数农民工，基本上每个月的收入除了必要的生活支出外都会存起来。很多打工族肩负着父母的养老费、自己的生活费和儿女的学习费，如果将每个月的工资都用完，在出现突发情况，如住院、学费提高等，他们就会面临困境。这都是因为我国在养老、医疗等方面没有给广大人民有足够的信心，社会保障体系仍存在问题。有人说社会保障的投入会阻碍经济发展，是完全错误的想法，将必要的资源投入到社会保障中去，人们才有足够的信心去消费，消费的增加会带动经济的发展，这比起把应有的社会保障资源直接投入到发展经济上去要高效得多，而且更能体现效率与公平兼顾，更符合现代可持续发展的要求。

（三）研究展望

1. 中等收入标准的确定还要考虑哪些影响因素

本文所确定的中等收入动态标准和地区标准是分别利用 CPI 指数和空间价格指数对基本标准进行调整得来，但是仅用单一的指数来调整显然欠缺了对其他可能影响因素的考虑，比如说地区标准还可能因为各地不同的社保标准有所改变，动态标准可能会受国际形势变动的影响。因此，如何将一些容易受到忽略的因素加入到标准确定的研究中去是进一步要考虑到的问题。

2. 如何为收入分配问题提供解决办法

本文主要研究我国中等收入群体的标准及其比重，但没有进一步分析低收入群体和高收入群体的比重，以及三者之间的关系。假如能收集到全面的、有效的居民收入数据，就可以对我国居民收入的分布进行密度估计，进而比较分析不同收入群体的分布函数，从而为解决实际的收入分配问题提供建议。

新常态视角下我国经济结构转型升级统计监测研究①

本文从新常态的视角下探讨经济结构转型升级的统计监测问题，其基本方法是，在文献归纳整理、理论分析的基础上构建监测经济结构转型升级的统计指标体系，同时运用单指标评价、多指标综合评价对我国总体近年来经济结构转型升级进行实证分析，以及采用聚类分析法对我国各地区经济结构转型升级水平进行比较。研究表明，我国2008—2014年来总体上经济结构转型升级取得不错成绩，其中创新驱动结构、产业结构、质量效益结构等三个方面效果较好，但需求结构、收入分配结构、对外贸易结构和经济发展对环境影响等有待加强。分地区来看，北京、上海居于第一集团；天津、浙江、广东和重庆紧随其后；青海、新疆、海南和西藏不够理想。文章最后对我国新时期经济转型升级中存在的问题进行总结，并提出了解决这一系列问题的对策与建议。

一、引言

（一）研究背景与意义

1. 新时期我国经济发展必须实现结构转型升级

新时期我国经济发展走到了只有转型升级才可持续的关键阶段，而经济结构转型升级是经济转型升级的具体化和基本实现路径。

我国经济发展进入了由重总量、重规模转向重结构、重质量阶段，需要实

① 基金项目：2015年四川省哲学社会科学研究“十二五”规划项目；作者：熊健益、于静涵、屈兰义、刘媛媛。

现经济结构转型升级。我国经济总量已稳居世界第二，进入中等收入国家行列，而我国经济结构的低收入国家特征明显（如服务业增加值占 GDP 比重低、最终消费率低等），需要进行经济结构转型升级，从而推进我国迈向高收入国家行列。

我国工业化和城镇化的发展现实需要实现经济结构的转型升级。我国产业总体进入了工业化中后期，人口城镇化率超过了 50%，要大力发展服务业为主导型的经济，需要产业结构转型升级。

与发达国家比较，经济发展能源消耗高、环境污染严重，需要经济结构转型升级。如 2011 年万美元 GDP 能耗世界平均为 2.42 吨标准油，高收入国家为 1.59 吨标准油，中等收入国家为 4.86 吨标准油，我国高达 6.50 吨标准油。能源长期高消耗，不仅带来生产成本和环境成本高企的问题，也影响了人民生活质量的提高。

我国传统制造业、农业、服务业等产业的改造、提升与创新，需要经济结构转型升级。居民消费率低、居民收入分配差距过大、地区与行业发展不均衡，需要经济结构转型升级。

2. 适应经济新常态的要求是经济结构转型升级的方向

习近平同志在 2014 年亚太经合组织（APEC）工商领导人峰会上的主旨演讲中指出，经济新常态有三个特点（即从高速增长转为中高速增长，经济结构不断优化，经济增长从要素驱动、投资驱动转向创新驱动）、一个挑战（新常态伴随着新矛盾新问题），这很好地概括了新常态下经济结构转型升级应努力的方向和待解决的问题。很多人认为我国经济发展已经进入了新常态，但是对新常态下经济发展应该具备的特点认识还远不到位。试问，现在除了经济增长的中高速（这是客观结果，不能说是我们的主观愿望）外，经济结构是否已经优化？经济增长已经由要素驱动、投资驱动为主转向了创新驱动为主吗？各种挑战确实继续存在甚至加剧了。所以，与其说现在经济发展进入了新常态，不如说要转向新常态、适应新常态，要从新常态的要求出发实现经济结构转型升级，从而实现我国经济社会可持续发展。

3. 新常态视角下经济结构转型升级的统计监测方法探讨具有重要意义

经济结构没有最好只有更好。其实，经济结构优化只有起点没有终点，“一直在路上”。现在讲“转型升级”是“优化”程度上的提高和发展方向的调整，经济增长方式的转变（后来上升为发展方式的转变）是我国多年来一直探讨的现实问题，只是今天到了不实行经济结构转型升级经济较快发展就不可持续的地步了。我国曾经的经济结构优化和近几年的经济结构转型升级，其最终方向和今天的经济新常态的要求在根本上是一致的。统计监测，就是使用一定的统计工具与方法（统计图、统计表、统计指标、统计模型、统计分析方法等），对现象运行过程和结果进行数量上的描述与分析，并根据客观规律、政策与规划对现象发展做出评价。所谓新常态视角下经济结构转型升级的统计监测，就是用新常态发展要求作为经济结构转型升级优劣的基本评价标准，构建适当统计监测方法，把这种评价具体化、科学化。这种统计监测，是方法构建与方法应用的统一。借助新常态视角下构建的统计监测方法对近几年我国经济结构转型升级进行评价，既可检验方法本身科学性与适用性，又可发现我国经济结构转型升级过程中取得的成绩和存在的问题，毫无疑问，在此基础上提出进一步促进我国经济结构转型升级的对策具有重要意义。

（二）国内外相关研究的学术史梳理及研究动态

"新常态"的提法是中外结合的产物。新常态（New Normal）最早是由美国太平洋基金管理公司（PIMCO）总裁埃里安（Mohamed El - Erian）提出的一个描述经济状况的概念，旨在解释后金融危机时期，西方发达经济体通缩长期化的趋势。近年来，新常态概念在我国流行。高层领导解读中国经济新常态时认为，新的时期中国经济要实现"三化"，即速度变化、结构优化、动力转化。

从现有成果看，国外学者对"新常态"下"经济结构转型升级统计监测"的问题直接研究很少，但相关研究成果不少。

（1）国外学者对作为经济结构核心内容之一的产业结构优化升级有过深入研究。配第（William Petty，1672）[①] 提出产业结构需要调整。克拉克、钱纳里与库兹涅茨等提出判断产业结构是否合理的标准。克拉克（Colin Clark，1940）[②] 在《经济进步的条件》一书中提出，随着人均国民收入水平的提高，劳动力由第一产业依次向二、三产业转移。配第—克拉克定理描述了人均国民收入不同阶段三次产业的就业比例。库兹涅茨（Simon Smith Kuznets，1941）在《国民收入及其构成》一书中提出人均国民收入所处的特定阶段三次产业（三个部门）之间的数量比例关系。钱纳里（Hollis B. Chenery，1989）提出

① 威廉·配第：《政治算术》，中国社会科学出版社 2010 年版。

② Colin Clark. The Conditions of Economic Progress. London：Macmillan & Co. Ltd，1940.

所谓的“产业结构变化的多国模型标准”，指出人均国民收入不同发展阶段下所对应的三次产业的产值结构和就业结构。霍夫曼等人研究了产业结构高级化问题。霍夫曼（W. Hoffman，1931）提出的霍夫曼系数会随工业化进程的深入而变小。库茨涅茨（1971）总结了三次产业产值结构的变化规律。佐贯利雄（1981）等提出主导产业替代顺序。

（2）国外学者研究认为创新驱动是经济增长的重要动力。创新驱动是指经济增长方式转变的实现或生产效率的提高主要依靠技术进步。国外学者认为技术进步是经济增长的重要变量，如阿罗（Kenneth J. Arrow，1962）、罗默（Paul Romer[①]，1983、1990）、卢卡斯（Robert Lucas，1988）[②]。迈克·波特（Michael Porter，1990）总结了产业竞争力发展要经历要素驱动、投资驱动、创新驱动和财富驱动四个阶段，指出创新驱动是较高级阶段经济发展的主要动力。丹尼森（Edward Denison，1985）实证分析了“知识”要素促使美国国民收入增长的比例；约翰·奈特（John Knight）与丁赛（Sai Ding，2011）[③] 的实证分析说明，“创新投资”对促进中国经济快速增长的作用尤其重要。

国内学者的相关研究始于对产业结构的优化升级研究。①对产业结构优化升级定性研究，如周振华（1992）[④]、苏东水（2000）[⑤]、李红梅（2000）[⑥]、张立厚（2000）[⑦] 等人。②对产业结构优化升级进行定量评价，如宋锦剑

---

① Romer, P. M：“Endogenous Technological Change”，《Journal of Political Economy》1990；98：5. 71—101.

② Lucas R：“On the Mechanism of Economic Development”，《Journal of Monetary Economics》1988 年第 22 期，第 13—42 页。

③ 丁赛、约翰·奈特，李方平译：“为什么中国的经济增长如此迅速？实物资本形成和人力资本形成所起的作用”，《国外理论动态》2011 年第 10 期，第 59—71 页。

④ 周振华：《产业结构优化论》，上海人民出版社 1992 年版，第 143—235 页。

⑤ 苏东水：《产业经济学（第四版）》，高等教育出版社 2015 年版。

⑥ 李红梅：“21 世纪中国产业结构调整的战略选择”，《首都师范大学学报（社会科学版）》2000 年第 6 期，第 50—56 页。

⑦ 张立厚、陈鸣中、张玲：“石龙镇产业结构优化的系统仿真分析”，《工业工程》2000 年第 3 期，第 51—54 页。

(2000)[1]、陈宏（1997)[2]、薛声家（2003)[3]、刘春山（2005)[4]、宋辉与王会强（2007)[5]、赵彦云等（2011)[6]。③构建转变经济发展方式的指标体系并进行实证分析，如沈露莹（2010)[7]、曾铮等（2014)[8]。④经济转型升级的理论研究。如张孝德（2012)[9] 认为，中国经济增长面临拉力、推动力、产业等三个转型。辜胜阻（2013)[10] 提出了创新驱动促进经济转型的战略思考。⑤中国经济新常态的特征研究。如钟经文（2014)[11] 和中央经济工作会议（2014)[12]。⑥中国经济转型升级的统计监测的理论研究与实践。如程惠芳等（2011)[13]、徐龙（2012)[14] 等构建了评价转型升级的指标体系。国家统计局（2013、2014）出台了《反映经济转型升级统计指标体系和工作方案》《基于需求的反映提质增效转型升级统计指标体系》。

总之，国外学者主要对与经济转型升级有关的产业结构调整与创新驱动理论及实证分析研究比较成熟，国内学者主要对产业结构优化升级的定性与定量分析、经济转型升级的定性研究比较深入。

---

① 宋锦剑："论产业结构优化升级的测度问题"，《当代经济科学》2000 年第 3 期，第 92—98 页。

② 陈宏、韩轶、戴华："利用投入产出模型研究最优产业结构"，《电子科技大学学报》1997 年第 3 期，第 70—74 页。

③ 薛声家："基于投入产出模型的产业结构优化"，《暨南学报（哲学社会科学版)》2003 年第 1 期，第 49—53 页。

④ 刘春山、辛杨："产业结构动态优化理论体系研究"，《工业技术经济》2005 年第 8 期，第 74—75 页。

⑤ 宋辉、王会强："主导产业选择与结构优化模型分析——以河北省为例"，《河北大学学报（哲学社会科学版)》2007 年第 6 期，第 85—88 页。

⑥ 赵彦云、侯晓霞："法国产业结构高端化的实证研究"，《统计与决策》2011 年第 14 期，第 138—141 页。

⑦ 沈露莹："上海转变经济发展方式的评价指标体系与阶段评估"，《上海经济研究》2010 年第 6 期，第 74—84 页。

⑧ 曾铮、安淑新："地方转变经济发展方式评价指标体系研究"，《当代经济管理》2014 年第 12 期，第 1—13 页。

⑨ 张孝德："中国的城市化不能以终结乡村文明为代价"，《行政管理改革》2012 年第 9 期，第 9—14 页。

⑩ 辜胜阻："创新驱动与打造中国经济升级版"，《唯实（现代管理)》2013 年第 7 期，第 37 页。

⑪ 钟经文："论中国经济发展新常态"，《中国中小企业》2014 年第 8 期，第 54—57 页。

⑫ 本刊编辑部："从经济工作会议看'新常态'，《锻压装备与制造技术》2014 年第 6 期，第 1 页。

⑬ 程惠芳等："开放条件下区域经济转型升级综合能力评价研究——中国 31 个省市转型升级评价指标体系分析"，《管理世界》2011 年第 8 期，第 181—182 页。

⑭ 徐龙等："构建泰州转型升级评价指标体系的基本思路"，《统计科学与实践》2012 年第 10 期，第 40—42 页。

总的来看，这些研究主要存在三方面不足：①研究产业结构转型升级多，对整个经济结构转型升级研究少。②对新常态视角下经济结构转型升级统计监测的指标体系构建不完善，亦呈“多少并存”的态势。从已有成果和政府已推出的指标体系看，从宽泛的意义研究经济转型升级评价指标多，专门从经济结构出发研究转型升级的监测指标少；就一般意义上研究经济转型升级的评价指标构建多，新常态视角下反映经济转型升级的统计监测指标少；有利于经济发展水平高的地区指标多，调动相对落后地区积极性的指标少（没有）；作为监测指标，反映经济运行结果的多，反映经济运行主体、经济运行过程、经济运行条件的少。③经济结构转型升级统计监测中使用的具体评价方法少有研究成果，特别是缺乏相应的综合评价方法。

（三）本文研究的价值

1. 学术价值

（1）从多种经济结构方面研究经济转型升级比宽泛意义上经济转型升级研究更有价值。经济总体是一个集合的概念，其本身包含着不同的结构，从多种结构的关系中更能全面了解总体，从多种结构的转变中更能客观把握总体，这正是从经济结构出发研究的优势所在。（2）探讨新常态视角下经济结构转型升级的统计监测方法。研究新常态视角下经济结构转型升级可用哪些指标进行监测，以及采用哪种具体统计方法进行评价。

2. 应用价值

新常态视角下经济结构转型升级指标体系构建及统计综合评价方法对各地区、各行业经济社会发展具有导向性。应进一步完善我国经济转型升级统计监测方法，了解我国新时期经济发展中存在的问题并提供解决对策，从而促进我国经济社会可持续协调发展。

（四）研究方法

本文在描述经济结构转型升级相关概念的基础上阐述新常态视角下我国经济结构转型升级统计监测指标体系构建原理与方法，并根据构建的统计指标体系和搜集的历史数据，采用单指标评价与综合评价（指数综合法、聚类分析法）结合的方法，评价全国层面自第二次经济普查以来我国经济结构转型升级的水平和变化趋势，比较 2014 年我国各省、自治区、直辖市经济结构转型升级水平差异，找出经济发展中存在的主要问题，并提出进一步实现我国经济结构转型升级的基本对策。

二、经济结构转型升级的相关概念

（一）结构

结构（Structure）：从字面意义看，“结”是结合，“构”指构造。《辞海》中解释到，结构一是指各个组成部分的搭配和排列，如文章的结构；二是指建筑物上承担重力或外力部分的构造，如砖木结构。从哲学的意义讲，结构是表达物质各部分存在状态和运动状态的专业术语。统计的对象是总体，因此，结构可以看成描述总体各部分存在状态和运动状态的专业术语。具体地讲，统计中，有三类指标来表示总体的结构：一是用结构的相对指标，即部分占全部的比重，这是最广泛最经常使用的方法；二是用绝对数计算的比例相对指标表示结构，如人口总体中男性人数与女性人数的比例；三是其他表达总体中各部分（或各方面）运动状态或存在状态的指标，如研究人的整个身体结构时，描述手或脚存在状态的指标。因此，不能说比重与比例相对数就能反映所有的结构问题，对总体某部分或某方面的描述，也是认识总体结构不可或缺的方法，可能要用到其他相对指标或平均指标，甚至总量指标。

（二）经济结构

经济结构（Economic Structure）一般是指国民经济各部门和社会再生产的各个方面的组成和构造，它是一个由许多系统构成的多层次、多因素的复合体。从国民经济各部门和社会再生产的各方面的组成和构造考察，其包括产业结构（如第一、二、三次产业的构成，农业、轻工业、重工业的构成等）、分配结构（如积累与消费的比例及其内部的结构等）、交换结构（如价格结构、进出口结构等）、消费结构、技术结构、劳动力结构等；从所包含的范围来考察，则可分为国民经济总体结构、部门结构、地区结构，以及企业结构等；从不同角度进行专门研究的需要来考察，又可分为经济组织结构、产品结构、人员结构、就业结构、投资结构、能源结构、材料结构等。

（三）经济结构转型升级

经济结构转型升级是指经济结构中的某一方面或某些方面，向着一个更合理更协调的方向发展，从而优化经济的内部结构，促进经济与社会协调发展，实现经济发展方式的转变。也有学者把经济转型分为经济体制转型（由计划经济转向市场经济）和经济结构转型（实现经济增长方式的转变），从这个意义上讲，本文讨论的是第二种含义的经济转型升级。

三、新常态视角下经济结构转型升级统计监测指标体系的构建

（一）构建指导思想

指导思想是指标体系设置内容与评价标准的纲领性意见。具体来讲，指导思想规范设置监测指标，同时也是评价经济结构转型升级优劣的依据。在新时期，构建经济结构转型升级统计监测指标体系的指导思想主要是要适应经济新常态的要求，这些要求是践行科学发展观的具体体现，和“创新、协调、绿色、开放、共享”五大发展理念在本质上是一致的。

（二）统计监测指标体系构建原则

构建原则是设置指标体系应注意的具体问题。具体来讲，选取指标遵循如下原则：（1）科学性原则。设置的指标体系反映产业结构升级规律、符合科学发展观的要求、符合新常态对经济结构转型升级的要求，指标数值大小与变动确实能够反映新时期经济结构转型升级的状况与特点。（2）系统性原则。各指标各自独立，但又相互联系，最终从产业优化与结构升级、质量效益、创新驱动、资源环境、对外贸易、民生改善等方面来监测经济结构转型升级，形成一个完整的指标体系。（3）导向性结合公平性原则。导向性指设置指标有利于引导各地区各部门经济结构转型升级；公平性指考虑各地区经济发展水平的差异，设置指标有利于促进经济发展水平提高和兼顾政绩考核。（4）可获取性结合创新性原则。可获取性指尽量用现有统计制度能提供的数据；创新性指设置新指标，克服现有指标的不足。（5）基准性结合动态性原则。监测指标要在确定基准指标的基础上，根据经济社会发展状况不断优化。（6）客观指标为主、主观指标为辅的原则。

（三）具体指标体系

监测指标体系的设置从产业结构、需求结构、收入分配结构、质量效益结

构、对外贸易结构、创新驱动结构、经济发展对环境的影响这七个方面进行。一级指标的设置主要体现了指导思想的要求（见表1）；二级指标是一级指标的具体化，其设置与选择更多地体现了构建原则的要求。

表1　　经济结构转型升级监测指标体系与经济新常态要求的关系

一级指标	体现的主要指导思想
产业结构	结构优化，产业结构优化升级
需求结构	动力转化，充分发挥消费驱动的作用
收入分配结构	结构优化，收入差距缩小，发展惠及民众
质量效益结构	结构优化，发展质量更优、效益更好
对外贸易结构	降低对外贸易风险；优化结构，获取更好经济效益
创新驱动结构	动力转化，以创新驱动为主
经济发展对环境的影响	降低生存风险，发展惠及民众

1. 产业结构

（1）服务业增加值占 GDP 比重；

（2）高技术制造业增加值占规模以上工业增加值比重；

（3）文化及相关产业增加值占 GDP 比重；

（4）生产性服务业增加值占 GDP 比重。

2. 需求结构

（1）投资率；

（2）外贸依存度；

（3）消费率；

（4）居民消费率。

3. 收入分配结构

（1）基尼系数；

（2）居民人均可支配收入与人均 GDP 的比例；

（3）城镇居民人均可支配收入与农村居民人均纯收入（农村居民人均可支配收入）之比。

4. 质量效益结构

（1）税收占 GDP 比重；

（2）GDP 与固定资产投资之比：

（3）土地生产率；

（4）全员劳动生产率；

（5）工业企业总资产贡献率；
（6）单位 GDP 能耗；
（7）单位 GDP（或工业增加值）水耗。
5. 对外贸易结构
（1）初级产品占出口额比重及初级产品占进口额比重；
（2）工业制成品占出口额比重及工业制成品占进口额比重；
（3）服务出口额占货物与服务出口总额比重；
（4）我国同美日海关货物出口额占全部海关货物出口总额比重。
6. 创新驱动结构
（1）每万名就业人员 R&D 人员全时当量；
（2）R&D 经费支出与 GDP 比例；
（3）发明专利申请授权量与 R&D 经费之比；
（4）人均技术市场成交额；
（5）新产品销售收入占主营业务收入比重。
7. 经济发展对环境的影响
（1）化学需氧量排放量；
（2）二氧化硫排放量；
（3）氨氮排放量；
（4）氮氧化物排放量；
（5）废水排放总量；
（6）森林覆盖率。

四、新常态视角下我国经济结构转型升级统计评价

（一）基于全国层面的经济结构转型升级评价

1. 单指标评价

（1）产业结构。产业结构是反映经济结构状况与特点的最基本的一类指标，经济结构转型升级在很大程度上体现在产业结构的优化。本文选择第三产业增加值占 GDP 比重、高技术制造业增加值占规模以上工业增加值比重、文化及相关产业增加值占 GDP 比重和生产性服务业增加值占 GDP 比重四个指标。

改革开放至今，我国三次产业发展结构变化巨大。从改革开放初期的“二、一、三”到1985年的“二、三、一”，2012年我国产业结构“三、二、一”的形式开始形成，第三产业增加值首次成为我国GDP构成的“主力军”（见表2）。但是，我国第三产业发展总体水平和国际水平比较仍然偏低。根据《国际统计年鉴（2014）》的数据，第三产业增加值占GDP比重，2013年世界平均水平为70.2%、高收入国家74.0%、中等收入国家55.0%、中等偏下国家52.8%，其中中等偏下国家2000年为47.0%。因此从占比来看，我国2014年第三产业发展水平相当于2000年的中等偏下收入国家的平均水平。

表2　　我国产业增加值占GDP比重资料　　单位：%

年份	GDP	第一产业增加值占GDP比重	第二产业增加值占GDP比重	第三产业增加值占GDP比重
1980	100.0	29.9	47.9	22.2
1990	100.0	26.7	40.9	32.4
2000	100.0	14.7	45.4	39.8
2008	100.0	10.3	46.8	42.9
2009	100.0	9.9	45.7	44.4
2010	100.0	9.6	46.2	44.2
2011	100.0	9.5	46.1	44.3
2012	100.0	9.5	45.0	45.5
2013	100.0	9.4	43.7	46.9
2014	100.0	9.2	42.7	48.1

资料来源：《中国统计年鉴（2015）》。

高技术制造业增加值占规模以上工业增加值比重是反映经济结构转型升级的重要指标（见表3），从增加值平均增长速度看，高技术制造业快于规模以上工业（2008—2015年，12.66% >10.95%）；从总的趋势来看，我国近年来高技术制造业增加值占规模以上工业增加值比重呈上升态势。

从表4可以看出，我国文化及相关产业增加值占GDP比重呈上升趋势，但是速度较慢，平均每年上升0.22个百分点，和国外比较，还处于较低水平。世界知识产权组织的数据显示，2013年，全球文化产业增加值占GDP的比重平均为5.26%。《中国文化及相关产业统计年鉴（2014）》所列数据显示，文化产业占GDP比重韩国4.11%（2012年）、英国5.20%（2012年）、阿根廷4.70%（2013年）、印度尼西亚4.11%。在该年鉴列出的22个国家中，这一

表 3　　我国高技术制造业增加值相关资料　　单位：%

年份	高技术制造业增加值比上年增长	规模以上工业增加值比上年增长	高技术制造业增加值占规模以上工业增加值比重
2008	14.0	12.9	9.83
2009	7.7	11.0	9.54
2010	16.6	15.7	9.60
2011	16.5	13.9	9.83
2012	12.2	10.0	10.03
2013	11.8	9.7	10.21
2014	12.3	8.3	10.60

资料来源：高技术制造业增加值占规模以上工业增加值比重，根据每年国民经济和社会发展统计公报中相关资料进行推算。由于规模以上工业的统计口径有些调整，故所计算的比重指标并不完全可比，不过2010—2013年的比重是完全可比的。

表 4　　我国文化及相关产业增加值资料　　单位：%

年份	文化及相关产业增加值占 GDP 比重
2008	2.43
2009	2.52
2010	2.75
2011	2.85
2012	3.48
2013	3.63
2014	3.76

资料来源："2013 年我国文化及相关产业增加值超 2 万亿元"，2015 年 1 月 24 日新华网；《中国文化及相关产业统计年鉴》；"2014 年我国文化及相关产业增加值比上年增长 12.1%"，2015 年 11 月 26 日国家统计局。

数据只有乌克兰、秘鲁比我国低。我国该指标离国家统计局公布的全面建成小康社会的目标值（2020 年时≥5%）还有差距。

生产性服务业除了具有服务业的一般特点以外，还具有中间投入性、产业关联性、人力资本和知识资本的高度密集性、集聚性等显著特征。它可以全方面地支撑制造业的各环节，改善产业结构，实现国民经济的良性循环、降低交易成本。近几年我国生产性服务业占 GDP 比重缓慢上升，潜力巨大（见表5）。但是和世界许多国家比较，差距同样巨大。2006 年英国生产性服务业增加值占 GDP 比重约 33%，2004 年日本占 54%，1998 年加拿大占 54%。

表 5　　我国生产性服务业增加值相关资料

年份	国内生产总值（亿元）	第三产业增加值（亿元）	生产性服务业增加值（亿元）	生产性服务业增加值占 GDP 比重（%）	生产性服务业增加值占第三产业增加值比重（%）
2008	316751.7	135906.9	81485.4	25.73	59.96
2009	345629.2	153625.1	89674.1	25.95	58.37
2010	408903.0	180743.4	112200.5	27.44	62.08
2011	484123.5	214579.9	133465.1	27.57	62.20
2012	534123.0	243030	151693.8	28.40	62.42
2013	588018.8	275887	172345.2	29.31	62.47
2014	636138.7	306038.2	200400.88	31.50	65.48

资料来源：《中国统计年鉴（2015）》；2014 年生产性服务业增加值按 2008—2013 年的年平均增长速度推算。生产性服务业的统计口径包括交通运输仓储和邮政业、信息传输和计算机服务和软件业、批发业和零售业、住宿和餐饮业、金融业、租赁和商务服务业、科学研究技术服务和地质勘查业。

（2）需求结构。需求结构是指支出法 GDP 中最终消费、资本形成总额、净出口三大部分（“三驾马车”）所占比重，其大小表明了对 GDP 贡献差异，说明了经济增长主要靠哪种需求来拉动。

2010—2014 年，我国最终消费率和居民消费率缓慢上升，投资率、净出口率都稍有波动，但总体上都呈下降趋势（见表 6）。根据经济发展新常态的特征与要求，经济增长由投资驱动、出口驱动为主转向创新驱动、消费驱动为主，所以这种需求结构的变化是好的征兆。但是，我国最终消费率及居民消费率和国际水平比较明显偏低。根据世界银行数据，2013 年最终消费率世界平均水平 77.55%，中国的为 48.15%，美国、日本、英国均超 80%，德国、法国是 75%—80%，中等收入国家 69.56%；从居民消费率看，中国的水平为 34.1%，而绝大多数国家这一指标在 50% 以上。其中，印度 59.2%、日本 61.1%（2013 年）、韩国 50.4%、美国 68.5%（2013 年）、巴西 62.5%、德国 55.3%、英国 64.4%、法国 55.5%、俄罗斯 51.6%（2013 年）、南非 61.2%。

表 6 我国支出法国内生产总值相关资料

年份	支出法GDP（亿元）	最终消费（亿元）	居民消费支出（亿元）	资本形成总额（亿元）	货物和服务净出口（亿元）	最终消费率（%）	居民消费率（%）	投资率（%）	净出口占生产法GDP比重（%）
2008	317172.0	157746.3	115338.3	135199.0	24226.8	49.7	36.4	42.6	7.6
2009	346431.2	173093.0	126660.9	158301.1	15037.1	50.0	36.6	45.7	4.3
2010	406580.9	199508.4	146057.6	192015.3	15057.1	49.1	35.9	47.2	3.7
2011	480860.7	241579.1	176532.0	227593.1	11688.5	50.2	36.7	47.3	2.4
2012	534744.5	271718.6	198536.8	248389.9	14636.0	50.8	37.1	46.5	2.7
2013	589737.2	301008.4	219762.5	274176.7	14552.1	51.0	37.3	46.5	2.5
2014	640696.9	329450.8	242927.4	293783.1	17463.0	51.4	37.9	45.9	2.7

资料来源：《中国统计年鉴（2015）》。

（3）收入分配结构。这里收入分配结构由国民收入分配主体中城镇居民和农村居民的收入比例、居民收入与 GDP 的比例以及基尼系数来表示，这些指标数值大小对经济可持续发展、地区均衡发展、居民生活水平高低有重要影响。

我国自 2008 年城镇居民和农村居民收入相对差距逐渐缩小（见表 7）。2008—2014 年，按可比价格计算，城镇居民人均年可支配收入平均增长速度为 10.93%，同时期农村居民年人均纯收入平均增长速度为 13.0%，两者收入之比由 2008 年的 3.31:1 降到 2014 年的 2.97:1。但是，和全面建成小康社会的目标［2.6（中部）、2.8（东部、西部）］还有差距（见表 8）。

表 7 我国居民收入比较

年　份	城镇居民人均年可支配收入（元）	农村居民人均年纯收入（元）	城镇居民人均可支配收入与农村居民人均纯收入之比
1980	477.6	191.3	2.50
1990	1510.2	686.3	2.20
2000	6280.0	2253.4	2.79
2008	15780.8	4760.6	3.31

续表

年　份	城镇居民人均年可支配收入（元）	农村居民人均年纯收入（元）	城镇居民人均可支配收入与农村居民人均纯收入之比
2009	17174.7	5153.2	3.33
2010	19109.4	5919.0	3.23
2011	21809.8	6977.3	3.13
2012	24564.7	7916.6	3.10
2013	26955.1	8895.9	3.03
2014	29381.0	9892.0	2.97

资料来源：《中国统计年鉴（2015）》。

表 8　　我国居民人均收入与人均 GDP 的比较　　单位：%

年份	居民人均可支配收入与人均GDP之比	人均 GDP 比上年增长	城镇居民人均可支配收入比上年增长	农村居民人均纯收入比上年增长
2008	41.56	9.1	8.4	8.0
2009	42.23	8.7	9.8	8.5
2010	40.92	10.1	7.8	10.9
2011	40.49	9.0	8.4	11.4
2012	42.15	7.2	9.6	10.7
2013	42.93	7.2	7.0	9.3
2014	44.11	6.7	6.8	9.2

资料来源：《中国统计年鉴（2015）》。另 2008—2014 年居民人均可支配收入是城镇居民人均可支配收入与农村居民人均纯收入的加权算术平均数，权数为城镇化率及（1 - 城镇化率）。

2008—2014 年，从总体上看，居民收入增长速度高于人均 GDP 的增长速度（农村居民收入年均 9.71%，城镇居民年均收入 8.26%，人均 GDP 年均 8.29%），近 3 年居民可支配收入与人均 GDP 的比例逐渐提高，表明国民收入分配向居民倾斜。

基尼系数是反映居民内部收入分配差异程度最著名的指标。2008 年以来，我国居民基尼系数呈总体缓慢下降趋势，说明分配向更加合理的方向转变（见表 9）。但是，国际公认的基尼系数警戒线是 0.4，我国总体上的基尼系数显然明显偏高。

表 9　　我国基尼系数

年份	基尼系数
2008	0. 491
2009	0. 490
2010	0. 481
2011	0. 477
2012	0. 474
2013	0. 473
2014	0. 469
2015	0. 462

资料来源：国家统计局公布数据。

（4）质量效益结构。这里“质量效益”用税收占 GDP 比重大小和各要素生产率高低来表示，其指标数值大小能在一定程度上反映经济发展质量高低。

2008 年以来，我国税收占 GDP 的比重逐年提高，说明经济增长对财政收入的贡献逐年增大（见表 10）。

表 10　　我国税收与 GDP 的比较

年份	税收合计（亿元）	GDP（亿元）	税收占 GDP 比重（%）
2001	15301. 38	110270. 36	13. 88
2008	54223. 79	316751. 75	17. 12
2009	59521. 59	345629. 23	17. 22
2010	73210. 79	408902. 95	17. 90
2011	89738. 39	484123. 50	18. 54
2012	100614. 28	534123. 04	18. 84
2013	110530. 70	588018. 76	18. 80
2014	119175. 31	636138. 73	18. 73

资料来源：国家统计局公布数据。

2008 年以来，我国土地生产率（单位土地面积 GDP）、劳动生产率（从业人员人均 GDP）逐年上升；资产生产率（单位固定资产投资产出 GDP）总体上生产效率逐年下降，说明固定资产投资效果不够理想（见表 11）。

表 11 我国生产效率指标

年份	单位土地面积 GDP（万元/平方公里）（2010 年价格）	从业人员全员劳动生产率（元/人）（2010 年价格）	GDP 与固定资产投资之比（%）
2008	346.73	43106	181.71
2009	378.68	48026	151.78
2010	418.24	52854	159.53
2011	457.14	57545	151.89
2012	492.12	61706	138.64
2013	530.01	66199	127.46
2014	580.49	72245	124.24

资料来源：根据统计年鉴有关数据计算。

工业企业总资产贡献率反映企业全部资产的获利能力，是企业经营业绩和管理水平的集中体现，是评价和考核企业盈利能力的核心指标。计算公式为：总资产贡献率 =（利润总额 + 税金总额 + 利息支出）/平均资产总额 ×100%。2011—2014 年，我国规模以上工业企业总资产贡献率有下降趋势（见表 12）。

表 12 我国规模以上工业企业总资产贡献率 单位：%

年份	总资产贡献率
2008	13.96
2009	13.44
2010	15.68
2011	16.09
2012	15.11
2013	14.77
2014	13.69

资料来源：《中国统计年鉴（2015）》。

能源生产效率是国内生产总值与能源消费总量之比，即单位 GDP（2010 年价格）能耗的倒数；水资源生产效率是 GDP（2010 年价格）与水资源消费总量之比，即单位 GDP 水耗的倒数。数据表明（见表 13），2008 年以来，我国能源生产效率、水资源生产效率逐年上升。但是，我国单位 GDP 能耗和国际比较差距很大。按 2005 年不变价计算（世界银行数据），2011 年万美元 GDP 能耗（吨标准油）世界平均 2.42、高收入国家 1.59、中等收入国家

4.86、中国6.50；按2010年PPP计算（世界银行数据），2011年万美元GDP能耗世界平均1.37吨标准油、高收入国家1.28吨标准油、中等收入国家1.47吨标准油，而中国是2.02吨标准油。

表13　　我国能源和水资源生产效率

年份	能源生产效率（万元/吨标准煤）	水资源生产效率（元/立方米）
2008	1.07	57.87
2009	1.10	62.15
2010	1.13	67.90
2011	1.16	73.31
2012	1.20	78.54
2013	1.25	84.01
2014	1.31	91.43

资料来源：根据国家统计局公布的有关资料推算。

（5）对外贸易结构。对外贸易结构通过初级产品占出口额及进口额比重、工业制成品占出口额及进口额比重、服务出口额占货物与服务出口总额比重及我国同美日海关货物出口额占全部海关出口总额比重等方面判断我国对外贸易结构现状。

由表14中的数据可以看出，货物进口额构成中，工业制成品所占比重大约为货物进口总额三分之二，一直居高不下；货物出口额构成中，初级产品出口额比重下降，工业制成品出口占绝对优势；服务出口方面，出口额占进出口总额比重下降、占出口总额比重有所上升但仍然偏低；同日本、美国海关货物出口额占全部海关出口总额比重下降，对日本、美国出口的依赖性有所降低。

表14　　我国对外贸易结构资料　　单位：%

年份	货物进口额构成		货物出口额构成		服务出口		我国同美日海关货物出口额占全部海关出口总额比重
	初级产品	工业制成品	初级产品	工业制成品	占服务进出口总额比重	占货物与服务出口总额比重	
2008	32.00	68.00	5.45	94.55	48.11	1.44	25.77
2009	28.81	71.19	5.25	94.75	44.86	1.54	26.52
2010	31.07	68.93	5.18	94.82	46.96	1.57	25.63

续表

年份	货物进口额构成		货物出口额构成		服务出口		我国同美日海关货物出口额占全部海关出口总额比重
	初级产品	工业制成品	初级产品	工业制成品	占服务进出口总额比重	占货物与服务出口总额比重	
2011	34.66	65.34	5.30	94.70	43.45	1.46	24.90
2012	34.92	65.08	4.91	95.09	40.48	1.45	24.57
2013	33.75	66.25	4.86	95.14	39.02	1.51	23.47
2014	33.02	66.98	4.81	95.19	36.77	1.52	23.29

资料来源：《中国统计年鉴（2015）》。

（6）创新驱动结构。这里选择的创新驱动结构指标包括每万名就业人员R&D人员全时当量、R&D经费支出与GDP比例、发明专利申请授权量与R&D经费之比、人均技术市场成交额和新产品销售收入占主营业务收入比重，其数值越大，说明我国经济增长依靠创新驱动的能力越强（见表15）。

表15　　我国创新驱动指标相关数据

年份	每万名就业人员R&D人员全时当量（人·年/万人）	R&D经费支出与GDP比例（%）	发明专利申请授权量与R&D经费之比（件/万元）（2010年价）	人均技术市场成交额（万元/万人）（2010年价）	新产品销售收入占主营业务收入比重（%）
2008	25.36	1.46	0.008	214	11.32
2009	30.21	1.68	0.009	244	12.07
2010	33.56	1.73	0.012	291	12.23
2011	37.73	1.79	0.012	327	11.91
2012	42.33	1.93	0.013	429	11.89
2013	45.90	2.01	0.013	485	12.37
2014	48.03	2.05	0.011	549	12.91

2008年以来，我国有三项指标数据逐年上升，说明我国创新驱动能力不断增强，但是发明专利申请授权量与R&D经费之比数值还在徘徊。

（7）经济发展对环境的影响。经济增长的最终目的是让人民受惠，但是GDP和居民收入上去了，环境却恶化了，最终使人民利益受到损害，经济发展不可持续。经济发展对环境影响的指标数据大小，是检验经济结构转型升级是否成功的重要标志。

2008 年以来，我国化学需氧量由降转升、再降，二氧化硫排放量逐年下降，氨氮排放量由降转升再降，废水排放量逐年上升，森林覆盖率总体上升，说明我国经济发展对环境的影响喜忧参半，应高度重视（见表 16）。

表 16　　我国主要污染物排放量和森林覆盖率资料

年份	化学需氧量（万吨）	二氧化硫（万吨）	氨氮（万吨）	废水排放总量（万吨）	森林覆盖率（%）
2007	1381.80	2468.10	132.34	5568494.16	19.90
2008	1320.70	2321.30	126.97	5716801.00	20.36
2009	1277.50	2214.40	122.61	5890877.25	20.61
2010	1238.10	2185.10	120.29	6172562.00	20.87
2011	2499.86	2217.91	260.44	6591922.44	21.12
2012	2423.73	2117.63	253.59	6847612.14	21.38
2013	2352.72	2043.92	245.66	6954432.70	21.63
2014	2294.59	1974.42	238.53	7161751.00	21.93

资料来源：表中前三项数据来源于统计年鉴；2008 年和 2013 年的森林覆盖率来源于普查资料，其余年份根据平均增长速度推算。

2. 综合评价

（1）指标选择。根据反映经济结构转型升级的评价目的和指标统计口径的一致性，选择如表 17 所示指标来综合评价我国经济发展现状。

表 17　　综合评价指标及其权数

一级指标	二级指标	指标方向
产业结构（A）（19.81）	第三产业占 GDP 比重（4.9525）	正
	高技术制造业增加值占规模以上工业增加值比重（4.9525）	正
	文化及相关产业增加值占 GDP 比重（4.9525）	正
	生产性服务业占 GDP 比重（4.9525）	正
需求结构（B）（17.48）	居民最终消费率（17.4800）	正

续表

一级指标	二级指标	指标方向
收入分配结构（C）（14.64）	城镇居民人均可支配收入与农村居民人均纯收入之比（4.88）	逆
	居民人均可支配收入与人均 GDP 之比（4.88）	正
	基尼系数（4.88）	逆
质量效益结构（D）（12.63）	税收占 GDP 比重（1.8043）	正
	单位土地面积 GDP（1.8043）	正
	从业人员全员劳动生产率（1.8043）	正
	GDP 与固定资产投资之比（1.8043）	正
	总资产贡献率（1.8043）	正
	能源生产效率（1.8043）	正
	水资源生产效率（1.8043）	正
对外贸易结构（E）（9.97）	货物出口额中工业制成品所占比重（4.9850）	正
	服务出口额占货物与服务出口总额比重（4.9850）	正
创新驱动结构（F）（16.57）	每万名就业人员 R&D 人员全时当量（3.3140）	正
	R&D 经费支出与 GDP 比例（3.3140）	正
	发明专利申请授权量与 R&D 经费之比（3.3140）	正
	人均技术市场成交额（3.3140）	正
	新产品销售收入占主营业务收入比重（3.3140）	正
经济发展对环境的影响（G）（8.91）	二氧化硫排放量（2.9700）	逆
	废水排放总量（2.9700）	逆
	森林覆盖率（2.9700）	正

注：指标后括号内数字为权数，字母为指标的代号。

（2）指标赋权。一级指标采用层次分析法（AHP）赋权。构建判断矩阵时，为了避免判断矩阵多次通不过一致性检验，采用萨蒂（*T. L. Satty*）1—9标度比例体系的改良方法以及杜栋提出的0.1—0.9标度比例体系法。其判断矩阵如表18所示。

表18　一级指标赋权时判断矩阵取值

	A	B	C	D	E	F	G
A	0.5	0.6	0.7	0.75	0.8	0.6	0.8
B	0.4	0.5	0.6	0.7	0.75	0.5	0.8
C	0.3	0.4	0.5	0.55	0.7	0.45	0.7
D	0.25	0.3	0.45	0.5	0.55	0.4	0.7
E	0.2	0.25	0.3	0.45	0.5	0.3	0.5
F	0.4	0.5	0.55	0.6	0.7	0.5	0.75
G	0.2	0.2	0.3	0.3	0.5	0.25	0.5

求每一行的几何平均数，分别为：0.6697、0.5911、0.4949、0.4272、0.3371、0.5603、0.3012。

对各几何平均数进行归一化处理，得到各一级指标的权数（%）：19.81、17.48、14.64、12.63、9.97、16.57、8.91。

对二级指标采用等权法赋权（%），即：产业结构下每个二级指标的权数为4.9525，需求结构下为17.4800，收入分配结构下为4.8800，质量效益结构下为1.8043，对外贸易结构下为4.9850，创新驱动结构下为3.3140，经济发展对环境的影响下为2.9700。

（3）指标数据预处理。

①指标同向化。在给出的指标中，城镇居民人均可支配收入与农村居民人均纯收入之比、基尼系数、二氧化硫排放量、废水排放总量是逆指标，其余都是正指标。逆指标正向化时数据取倒数。

经济结构转型升级指数如表19所示。

②指标无量纲化。以2008年指标数据为固定基期，采用求定基发展速度（定基指数）的方法无量纲化。各年各指标的定基指数略。

（4）计算综合评价指标值（经济结构转型升级总指数）。采用指数综合

表 19　经济结构转型升级指数　单位：%

年份	产业结构指数	需求结构指数	收入分配结构指数	质量效益结构指数	对外贸易结构指数	创新驱动结构指数	经济发展对环境影响指数	总指数
2008	100.00	100.00	100.00	100.00	100.00	100.00	100.00	100.00
2009	101.28	100.60	100.60	101.55	103.58	112.51	101.03	103.17
2010	105.13	98.79	100.55	110.42	104.66	127.69	100.45	107.30
2011	106.92	101.01	100.17	115.79	100.78	134.60	98.37	109.24
2012	115.42	102.21	100.42	118.74	100.63	152.04	99.37	114.51
2013	119.12	102.62	100.12	122.64	102.74	162.04	100.67	117.74
2014	124.28	103.42	100.14	126.60	103.12	166.41	101.70	120.26
结论	明显提升	略有改善	基本持平	明显提升	略有改善	显著提升	变化甚微	明显提升

法。使用如下公式：

$$\overline{K}=\frac{\sum \frac{X_{ij}}{X_0}W_i}{\sum W_i}$$

其中：$\overline{K}$——经济转型升级总指数；

X_{ij}——各指标的无量纲化后的数据，$i=1, 2, \cdots, 23$；$j=1, 2, \cdots, 5$；

X_0——2008 年各指标的无量纲化后的数据；

W_i——各指标对应的权数。

（二）基于地区层面的经济结构转型升级统计评价

1. 指标选取

为了反映经济结构的转型升级，本文对全国 31 个省、市、自治区的经济结构转型升级情况进行度量。采取 6 个一级指标和 16 个二级指标，如表 20 所示。所采用指标均为数值型，且均为对经济转型升级有正向作用。反映各地区经济结构转型升级的基础数据如表 21 所示。

表 20 聚类分析的指标选择

一级指标	二级指标		2014 年全国平均水平
A 类：产业结构	A1	第三产业增加值占 GDP 比重（%）	48.1
	A2	高技术制造业增加值占规上工业增加值比重（%）	10.60
B 类：需求结构	B1	居民最终消费率（%）	37.9
	B2	城镇化率（%）	54.77
C 类：收入分配结构	C1	居民人均可支配收入与人均 GDP 之比（%）	44.11
	C2	劳动者报酬占地区生产总值比重（%）（2012 年）	46.51
D 类：质量效益结构	D1	税收占 GDP 比重（%）	18.73
	D2	GDP 与投资之比（%）	1.24
	D3	全员劳动生产率（万元/人）	7.22
	D4	规模以上工业总资产贡献率（%）	13.69
	D5	2012 综合能耗产出率（万元/吨标准煤）（10 年价）	1.31
E 类：创新动力结构	E1	规模以上工业新产品销售收入占主营业务收入比重（%）	12.91
	E2	R&D 经费投入强度（%）	2.05
F 类：经济发展对环境的影响	F1	化学需氧量减少百分比（%）	2.47
	F2	氮氧化物减少百分比（%）	6.71
	F3	二氧化硫减少百分比（%）	3.40

2. 聚类分析

借助统计软件 SPSS 20.0 中的分类模块的系统聚类分析功能，对 2014 年各地区的经济结构转型升级的截面数据进行分析。

（1）聚类结果。此次聚类分析的样本总个数为 31 个，在分析过程中发现一个无效样本，故总的有效样本个数为 30 个，样本有效率 96.77% 。无效的样本数据为西藏自治区的数据。为了让得到的聚类结果更具合理性，本文采用系统聚类功能中三种不同求新类相似性的方法：组间联接法、Wald 法（离差平方和法）和最长距离法分别进行聚类，得到不同的聚类结果，其中组间联接法与其他两种方法得到的结果对比中，各省、市、自治区交叉的部分较多，说明用组间联接法分类较为合理，故将组间联接法得到的聚类结果作为最终的聚类，结果如表 22 所示。

表 21　　2014 年各地区经济结构转型升级基础数据

续表

地区	第三产业增加值占GDP比重（%）	高新技术产业占规模以上工业主营业务收入比重（%）	居民最终消费率（%）	城镇化率（%）	居民人均可支配收入与人均GDP之比（%）	劳动者报酬占地区生产总值比重（%）	税收占GDP比重（%）	GDP与投资之比（%）	全员劳动生产率（万元/人）	规模以上工业新产品销售收入占主营业务收入比重(%)	R&D经费投入强度（%）	化学需氧量发展速度的倒数	氮氧化物发展速度的倒数	二氧化硫发展速度的倒数
	A1	A2	B1	B2	C1	C2	D1	D2	D3	E1	E2	F1	F2	F3
北　京	77.95	20.99	36.06	86.35	44.49	52.12	18.10	3.08	16.34	21.47	5.95	5.40	9.24	9.35
天　津	49.57	15.09	27.08	82.27	27.40	40.06	9.45	1.50	15.97	19.96	2.96	3.24	9.44	3.52
河　北	37.25	3.20	30.44	49.33	41.64	50.44	6.34	1.10	6.15	7.06	1.06	3.16	8.47	7.38
山　西	44.50	4.46	35.81	53.79	47.16	46.95	8.89	1.03	6.03	5.19	1.19	4.33	7.60	3.76
内蒙古	39.52	1.81	27.91	59.51	28.94	49.28	7.04	1.01	10.75	2.85	0.69	1.80	8.66	3.40
辽　宁	41.77	4.82	34.14	67.05	35.00	46.33	8.14	1.16	9.87	8.27	1.52	2.85	5.59	3.16
吉　林	36.17	7.15	25.70	54.81	34.93	41.17	6.41	1.22	8.45	7.12	0.95	2.39	2.01	2.41
黑龙江	45.77	4.72	38.19	58.01	44.37	43.56	6.50	1.53	6.21	3.93	1.07	1.62	2.79	3.44
上　海	64.82	19.89	44.17	89.60	47.21	43.69	17.90	3.92	15.10	23.81	3.66	4.78	12.51	12.83
江　苏	47.01	18.40	34.58	65.21	33.19	44.03	9.23	1.55	11.98	16.58	2.54	4.25	7.88	3.92
浙　江	47.85	7.44	36.83	64.87	44.74	46.14	9.59	1.66	9.48	25.64	2.26	3.94	8.65	3.26
安　徽	35.39	6.88	37.60	49.15	48.79	46.09	8.12	0.95	4.25	14.34	1.89	1.89	6.53	1.67
福　建	39.60	9.78	30.09	61.80	36.76	51.98	7.87	1.32	8.10	9.47	1.48	1.44	6.09	1.40
江　西	36.80	8.40	37.58	50.22	48.26	40.63	8.79	1.04	5.30	5.65	0.97	1.96	5.31	4.18
山　东	43.48	7.13	31.51	55.01	34.27	40.07	6.67	1.40	7.86	10.17	2.19	3.54	3.51	3.33

续表

地区	第三产业增加值占GDP比重（%）	高新技术产业占规模以上工业主营业务收入比重（%）	居民最终消费率（%）	城镇化率（%）	居民人均可支配收入与人均GDP之比（%）	劳动者报酬占地区生产总值比重（%）	税收占GDP比重（%）	GDP与投资之比（%）	全员劳动生产率（万元/人）	规模以上工业新产品销售收入占主营业务收入比重（%）	R&D经费投入强度（%）	化学需氧量发展速度的倒数	氮氧化物发展速度的倒数	二氧化硫发展速度的倒数
河　南	37.10	7.78	35.28	45.20	42.34	50.00	5.59	1.14	4.74	7.60	1.14	2.62	9.17	4.45
湖　北	41.45	7.12	31.76	55.67	38.78	48.75	6.84	1.19	6.50	12.74	1.87	2.37	5.25	2.60
湖　南	42.19	8.46	35.72	49.28	43.76	50.97	5.32	1.27	5.85	18.84	1.36	1.60	6.02	2.75
广　东	48.99	26.27	38.73	68.00	40.47	47.72	9.60	2.58	9.66	17.59	2.37	3.65	6.82	4.17
广　西	37.86	7.37	39.12	46.01	47.02	51.89	6.24	1.13	4.92	7.13	0.71	2.03	12.28	1.14
海　南	51.85	7.50	33.18	53.76	44.90	58.13	13.73	1.12	5.85	8.44	0.48	-0.83	5.23	-0.46
重　庆	46.78	18.37	36.08	59.60	38.35	41.16	8.99	1.16	7.39	19.32	1.42	1.38	1.94	3.79
四　川	38.70	14.41	39.16	46.30	44.83	44.37	8.10	1.22	5.18	7.12	1.57	1.27	6.23	2.49
贵　州	44.55	6.54	42.98	40.01	46.79	54.19	11.08	1.03	4.30	4.72	0.60	0.45	11.88	6.15
云　南	43.25	3.01	44.88	41.73	50.51	50.24	9.62	1.11	3.82	5.00	0.67	2.45	4.73	3.98
西　藏	53.47	13.58	24.84	25.75	36.68	64.55	9.32	0.86	3.85	0.00	0.26	-8.32	-9.06	-1.39
陕　西	37.01	8.45	31.57	52.57	33.75	41.37	7.55	1.03	7.51	5.77	2.07	2.76	7.00	3.13
甘　肃	44.02	1.75	40.40	41.68	46.10	48.89	7.17	0.87	3.96	7.76	1.12	1.56	5.54	-2.43
青　海	37.04	2.54	34.11	49.78	36.23	46.52	8.66	0.81	6.39	0.38	0.62	-1.57	-1.71	1.54
宁　夏	43.38	1.06	36.32	53.61	38.02	51.23	9.10	0.87	6.80	5.42	0.87	0.95	7.64	3.25
新　疆	40.83	0.29	30.59	46.07	37.14	55.00	9.57	0.98	7.26	5.19	0.53	0.32	2.72	-2.84

表 22　　各个省市自治区最终的聚类结果

	第一类	第二类	第三类	第四类
组间联接法	北京、上海	天津、江苏、浙江、广东、重庆	河北、山西、内蒙古、辽宁、吉林、黑龙江、安徽、福建、江西、山东、河南、湖北、湖南、广西、四川、贵州、云南、陕西、甘肃、宁夏	青海、新疆、海南

（2）结果分析。基于上面的聚类结果，借助 SPSS 中的报告模块，个案汇总功能，得到 4 类指标的均值和方差，在此基础上计算出变异系数（标准差系数）列在表 23 当中，从表中我们可以分析得到以下结论：

表 23　　分类汇总表

		A1	A2	B1	B2	C1	C2	D1	D2
第一类	均值	71.39	20.44	40.12	87.98	45.85	47.91	18.00	3.50
	变异系数	13.01	3.81	14.30	2.61	4.19	12.44	0.79	16.98
第二类	均值	48.04	17.11	34.66	67.99	36.83	43.82	9.37	1.69
	变异系数	2.53	39.71	12.96	12.56	18.23	7.38	2.78	31.42
第三类	均值	40.49	6.22	35.31	51.54	41.60	47.42	7.57	1.13
	变异系数	8.16	51.43	14.03	13.67	14.74	9.03	19.08	14.8
第四类	均值	43.24	3.44	32.63	49.87	39.42	53.22	10.65	0.97
	变异系数	17.79	107.14	5.59	7.71	12.09	11.29	15.37	15.97
总计	均值	44.39	8.86	34.92	55.55	40.74	47.99	8.89	1.35
	变异系数	19.87	73.31	14.43	24.27	14.92	11.71	33.51	49.75
		D3	D4	D5	E1	E2	F1	F2	F3
第一类	均值	15.72	10.35	2.30	22.64	4.81	5.09	10.88	11.09
	变异系数	5.58	36.16	27.05	7.31	33.7	8.61	21.26	22.19
第二类	均值	10.90	14.45	1.79	19.82	2.31	3.29	6.95	3.73
	变异系数	30	13.16	12.39	17.77	24.41	34.38	42.63	9.47
第三类	均值	6.33	13.60	1.20	7.81	1.25	2.15	6.62	3.08
	变异系数	30.61	30.87	30.28	48.96	38.37	42.33	39.8	63.46
第四类	均值	6.50	9.50	0.91	4.67	0.54	-0.69	2.08	-0.59
	变异系数	10.94	27.54	73.31	86.83	13.02	-137.43	168.94	-273.55
总计	均值	7.61	12.81	1.30	10.15	1.55	1.91	6.00	3.20
	变异系数	45.04	32.93	43.38	68.41	73.42	127.69	70.02	95.2

经济转型升级情况，第一类最优，第四类最差。从分类之后的四个类别各指标的均值来看，第一类均优于其他三类。其中，第一类中的北京和上海的经济转型升级情况在全国属于领先地位。而第四类的青海、新疆和海南，各项指标值同前面三类比较的结果来看，均处于弱势地位，即经济转型升级情况目前处于相对落后状况。

①产业结构发展不均衡，地区差异较大。对北京和上海而言，第三产业增加值占 GDP 的比重均超过 60%，北京更是高达 77.95%，超出全国平均水平近 34 个百分点；第一类地区高技术制造业增加值占规模以上工业增加值平均比重为 20.44%，第三、第四类地区分别为 6.22%、3.44%，说明这些地区产业结构水平比较落后。

②需求结构中地区消费差异不大，但城镇化水平参差不齐。北京和上海的居民消费率平均达到 40.12%，略高于全国平均水平；城镇化率平均水平为 87.98%，高于全国平均水平 32.44 个百分点。第四类地区（青海、新疆和海南）的居民消费率平均达到 32.63%，略低于全国平均水平；城镇化率 49.87%，比全国平均水平低 5.68 个百分点，从而从整体上拉低了消费水平。

③收入分配结构类似，与全国平均水平几乎持平。整个第一、二、三、四类地区的居民人均可支配收入与人均 GDP 之比、劳动者报酬占地区生产总值比重的变异系数差异较小，说明全国各地区收入分配结构相差无几。

④经济质量效益结构，一类地区最优。评价经济效益的五个二级指标有四个一类地区优势特别明显：税收占 GDP 比重、GDP 与投资之比、全员劳动生产率、综合能耗产出率一类地区分别是全国平均水平的 2.03 倍、2.59 倍，2.07 倍、1.77 倍，但是规模以上工业总资产贡献率一类地区没有优势，只有全国平均水平的 80.78%。

⑤创新动力结构差别大，三、四类地区劣势突出。创新动力结构中一、二类地区规模以上工业新产品销售收入占主营业务收入比重（分别为 22.64%、19.82%）明显高于三、四类地区（分别为 7.81%、4.67%），而 R&D 经费投入强度最高。对一类和二类地区，规模以上工业新产品销售收入占主营业务收入比重分别为 22.64% 和 19.82%，分别高于全国水平 12.49 和 9.67 个百分点，R&D 经费投入强度的变异系数高达 73.42%，四类地区差距非常显著。

⑥经济发展对环境的影响各地区差别明显，第四类地区环境问题仍然严峻。四类地区经济发展对环境影响有所不同，一类、二类地区污染物排放减少量明显，对环境的治理效果明显，第四类地区目前环境问题仍然严峻，其中化

学需氧量和二氧化硫排放量不减反增。说明一类、二类地区已经意识到经济发展对环境的影响的重要性，但第四类地区还是存在以牺牲环境为代价来发展经济的情况。

五、我国经济结构转型升级存在问题的分析及政策建议

（一）我国近年来经济结构转型升级存在的问题

1. 全国经济结构转型升级发展成效参差不齐

从2008—2014年，我国经济结构转型升级相关指标存在的问题主要表现在：农村居民收入与城镇居民收入差距过大，基尼系数长期在警戒线（0.4）以上，GDP与固定资产投资比重逐年下降，废水排放总量逐年上升；另外，第三产业增加值占GDP比重、文化产业增加值占GDP比重、生产性服务业增加值占GDP比重、居民消费率、能源生产效率尽管逐年上升，呈现可喜势头，但是和世界先进水平甚至平均水平或中等收入国家平均水平相比，差距还很大。

2. 地区经济结构转型升级差异明显

从总体上看，2014年经济结构转型升级做得最好的是北京和上海，其次天津、江苏、浙江、广东和重庆，最差的是青海、新疆、海南和西藏，其余省、区、市处于中等水平。

从反映经济结构转型升级的指标看，存在主要问题的地区是：

产业结构水平较低的有：西部的陕西、青海、内蒙古、甘肃、宁夏、新疆，中部的安徽、河南。

居民消费率很低的有：西部的内蒙古、西藏；东北部的吉林，东部的天津。

城镇化率较低的有：西部地区的西藏、广西、新疆、云南、甘肃、贵州，中部地区的河南。

居民收入与GDP比例、劳动者报酬占GDP比重较低的有：西部的陕西、内蒙古，东部的山东、江苏与天津，东北部的吉林与辽宁。

税收占GDP比重很低的有中部地区的河南、湖南。

劳动生产率、资产生产率、能源生产率较低主要是西部大部分地区。另外，北京规模以上工业总资产贡献率也低于8%。

创新动力结构指标很低的主要是西部地区，如内蒙古、青海、新疆、贵州及东部的海南。

主要污染物排放减少程度很小甚至增加的主要是第二产业不发达的地区，如青海、新疆。

（二）我国经济结构转型升级现状的原因分析

1. 经济发展基础的影响

改革开放初期，我国经济发展水平低，经济建设缺乏经验，偏向追赶型跨越式发展，在很大程度上忽略了经济发展对环境资源的影响和分配的公平程度，忽略了地区发展与协调发展的统一。同时，产业结构演进有自身的规律，低水平的第一、二产业难以催生高水平的服务业。

2. 经济管理体制的影响

我国长期的经济管理体制为经济总量扩大、速度扩张服务，政府强力配置资源过多，体制上最重要的考评指标是 GDP 及其增长速度，长期以来经济增长过分依赖投资推动和“出口导向”，而投资边际产出日益下降，国际经济不景气加上“眼红”对中国经济合围堵截，“三驾马车”中投资与出口“带病工作”而消费拉动乏力。中央对地区发展的支持力度，从相对数的变动看，向落后地区倾斜；但是从绝对数的分配看，更多的是对发达地区“锦上添花”。

3. 社会与法律保障体系的影响

社会保障体系不够完善，“教育”“住房”和“医疗”对居民压力大，各种社会保障基金地方壁垒多，存在“有钱不敢花、有钱不便花”的情况；市场交易中诚信缺乏，法制不健全，存在“有钱不乐意花”的情况。二元化体制导致城乡购买能力和需求结构差异巨大。

4. 科教管理体制的影响

科研资源行政配置特征明显，知识产权保护不够，科研考核重数量轻质量，“科”“技”（科学与技术）分离，“研”“发”（研究与开发）分离，“产”“研”（产业创新与科研创新）分离；重普教轻职教，教育资源分配失衡。所有这些导致高素质与创新人才虚多实少、面对国民经济主战场时科技创新驱动发力不够。

（三）促进我国经济结构进一步转型升级的对策建议

以科学发展观和“创新、协调、绿色、开放、共享”五大发展理念作为指导思想总揽全局，制定切实可行措施推动我国经济结构转型升级。

1. 改变观念，加快政府管理体制改革

我国经济发展的现状和水平，面临的国内外经济形势，科学发展的要求，所有这些内外条件都要求加快我国经济结构转型升级的思想落实在我们的行动上。主要由政府配置资源转为主要让市场配置资源，充分发挥政府引导和监督作用；完善社会保障体系，健全法制，保障居民消费需求得到满足；改革政绩考核机制和科研考评机制，以有利于转变经济发展方式和实现经济社会可持续协调发展作为总的评价标准。

2. 新建和改造结合，实现产业转型升级

新建企业瞄准产业高端和高端产业，传统产业充分利用“互联网＋”实现转型升级。所有企业和产业活动单位的运行，都要有利于民生和环境。

3. 推动现代服务业发展壮大，不断激发和满足生产与消费的内生需求

努力发展教育服务、文化娱乐服务、医疗服务、健康服务、信息服务、金融服务、现代物流服务、科技服务等现代服务业和生产性服务业。

4. 创新驱动发展与战略性新兴产业发展结合

找准我国战略性新兴产业的定位，提高原始创新、集成创新和引进消化吸收再创新能力，注重协同创新；政府要支持战略性新兴产业，对新产业产品使用者所产生的沉淀成本给予必要的补偿；政府在产业布局上和企业组织创新上要适当引导，减少战略性新兴产业的“一哄而上”、重复建设；战略性新兴产业的产品与服务的主要目标市场在相当长时期内要定位在国内。

5. 猛抓重点地区和分配领域的经济结构转型升级

鼓励与扶持西部地区、落后地区的经济结构转型升级，促进地区均衡发展；继续改革国民收入分配制度，缩小居民收入差距。

6. 依靠城镇化和城乡一体化，不断刺激和释放消费需求

加强户籍制度改革和中小城镇公共资源配置，提高城镇化率，协助农民市民化，推进城乡一体化建设，引导服务型消费，以消费需求作为经济长期发展的重要推动力。

7. 优化对外贸易结构

鼓励引进国际高端产业资本，出口高端制造业产品与服务，适当进口生产必需的原材料及其他生产与生活资料；进出口产品的目标市场在地区上不能太单一，降低经营风险。

附录　　主要监测指标说明及其计算方法

主要监测指标数据来源于《中国统计年鉴》和各地方统计年鉴、《国民经济和社会发展统计公报》。具体指标的内涵、意义和计算方法如下：

1. 产业结构

（1）服务业增加值占 GDP 比重指第三产业增加值占国内生产总值（GDP）的比重。

一般来说，我国的三次产业划分如下：

第一产业：农业（即农、林、牧、渔业）。

第二产业：工业（包括采矿业、制造业、电力燃气及水的生产和供应业）、建筑业。

第三产业：服务业（除第一、第二产业以外的其他各业），包括批发零售贸易业（包括旅馆和饭店业）、交通运输业、政府、金融、专业服务和个人服务，例如教育、卫生、房地产服务，还包括虚拟的银行服务费、进口税和加工或调整数据时的统计误差。

计算公式为：

$$\text{服务业增加值占 GDP 比重} = \frac{\text{第三产业增加值}}{\text{GDP}} \times 100\%$$

（2）高技术制造业增加值占规模以上工业增加值比重。高技术产品增加值指高技术产业以货币表现的在一定时期内（通常为一年）生产的工业产品总量。规模以上工业增加值是以货币形式表现的，规模以上工业企业在一定时期内（通常为一年）生产的工业最终产品或提供工业性劳务活动的总价值量，反映一定时间内规模以上工业生产的总规模和总水平。

高技术制造业增加值占规模以上工业增加值比重指高技术产业产品产值与规模以上工业总产值的比值。计算公式为：

$$\begin{matrix}\text{高技术制造业增加值占} \\ \text{规模以上工业增加值比重}\end{matrix} = \frac{\text{高技术产品产值}}{\text{规模以上工业总产值}} \times 100\%$$

（3）文化及相关产业增加值占 GDP 比重。我国的文化产业被界定为：为社会公众提供文化、娱乐产品和服务的活动，以及与这些活动有关联的活动的集合。文化产业的范围包括提供文化产品、文化传播服务和文化休闲娱乐等活动，还包括与文化产品、文化传播服务、文化休闲娱乐活动有直接关联的用品、设备的生产和销售活动以及相关文化产品的生产和销售活动。根据各类文化活动的特征和同质性，将全部文化产业活动划分为9大类别：①新闻服务；②出版发行和版权服务；③广播、电视、电影服务；④文化艺术服务；⑤网络文化服务；⑥文化休闲娱乐服务；⑦其他文化服务；⑧文化用品、设备及相关文化产品的生产；⑨文化用品、设备及相关文化产品的销售。

文化产业增加值占GDP比重指文化产业增加值在国内生产总值（GDP）中所占比重。计算公式为：

$$\text{文化产业增加值占 GDP 比重} = \frac{\text{文化产业增加值}}{\text{GDP}} \times 100\%$$

（4）生产性服务业增加值占GDP比重。生产性服务业是指为保持工业生产过程的连续性、促进工业技术进步、产业升级和提高生产效率提供保障服务的服务行业。生产性服务业的统计口径包括：交通运输仓储和邮政业、信息传输和计算机服务和软件业、批发业和零售业、住宿和餐饮业、金融业、租赁和商务服务业、科学研究技术服务和地质勘查业。计算公式为：

$$\text{生产性服务业增加值占 GDP 的比重} = \text{生产性服务业增加值}/\text{GDP} \times 100\%$$

2. 需求结构

（1）投资率。资本形成率亦称投资率，通常指一定时期内资本形成总额占国内生产总值的比重。资本形成总额包括两部分，一部分是固定资本形成总额，另一部分是存货增加。计算公式为：

$$\text{投资率} = \frac{\text{资本形成总额}}{\text{GDP}} \times 100\%$$

（2）外贸依存度是反映一个国家或地区的对外贸易活动对该地区经济发展的影响和依赖程度的经济分析指标。这种依赖程度，一般用对外贸易额进出口总值在国民生产总值或国内生产总值中所占比重来表示。比重的变化意味着对外贸易在国民经济中所处地位的变化。计算公式为：

$$\text{外贸依存度} = \frac{\text{货物和服务净出口}}{\text{生产法 GDP}} \times 100\%$$

（3）消费率又称最终消费率，是指一个国家或地区在一定时期内（通常为1年）的最终消费（用于居民个人消费和社会消费的总额）占当年GDP的比率。它反映了一个国家生产的产品用于最终消费的比重，是衡量国民经济中消费比重的重要指标。计算公式为：

$$消费率 = \frac{最终消费支出}{GDP} \times 100\%$$

（4）居民消费率。居民消费支出指常住住户在一定时期内对于货物和服务的全部最终消费支出，包括如下几种类型：单位以实物报酬及实物转移的形式提供给劳动者的货物和服务；住户生产并由本住户消费了的货物和服务，其中的服务仅指住户的自有住房服务和付酬的家庭雇员提供的家庭和个人服务；金融机构提供的金融媒介服务。

居民消费占 GDP 比重指居民消费支出与 GDP 的比值，计算公式为：

$$居民消费占 GDP 比重 = \frac{居民最终消费支出}{GDP} \times 100\%$$

3. 收入分配结构

（1）基尼系数是反映居民收入分配差异程度的指标。它的经济含义是：在全部居民收入中，用于进行不平均分配的那部分收入占总收入的比重。因此，基尼系数最大为“1”，最小等于“0”。前者表示居民之间的收入分配绝对不平均，即 100% 的收入被一个人占有了；而后者则表示居民之间的收入分配绝对平均，即每个人的收入完全相同。一般情况下，基尼系数处于 0 和 1 之间。

基尼系数计算方法通常有两种：一种是直接法；另一种是几何法（见图 1）。

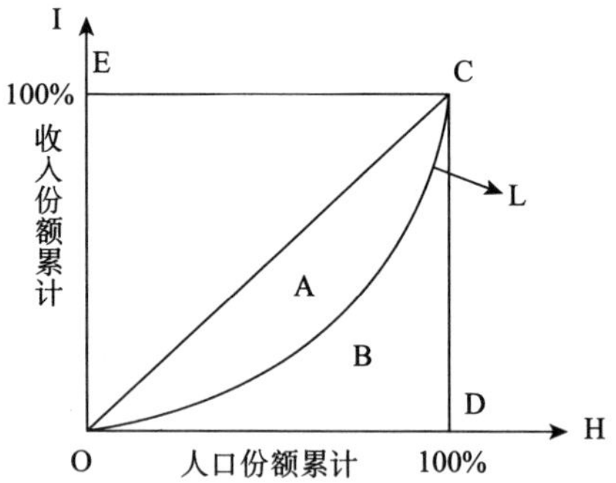

图 1　几何计算法

①直接法计算公式：

$$G = \frac{\sum_{j=1}^{n}\sum_{i=1}^{n}|x_j - x_i|}{2n(n-1)u}$$

其中，n 是样本容量；u 是收入的均值；$|x_j - x_i|$是任何一对收入样本差的绝对值。

②几何法计算公式：

$$G=\frac{S_A}{S_{A+B}}=2S_A$$

其中，G 为基尼系数；S_A 表示洛伦兹曲线 L 和直线 OC 围成的面积（见图1）；S_{A+B}表示$\triangle ODC$ 的面积。

（2）居民人均可支配收入与人均 GDP 的比例指一个国家（或地区）城镇居民可支配收入与农村居民纯收入之和占 GDP 的比重，其中城镇居民可支配收入等于城镇居民人均可支配收入乘以城镇常住人口，农村居民纯收入等于农村居民人均纯收入乘以农村常住人口。计算公式为：

$$\text{城乡居民收入占 GDP 比重}=\frac{\text{城镇居民人均可支配收入}\times\text{城镇人口}+\text{农村居民人均纯收入}\times\text{农村人口}}{\text{GDP}}\times 100\%$$

城镇居民可支配收入指居民家庭可以用来自由支配的收入。它是家庭总收入扣除缴纳的所得税、个人缴纳的社会保障费以及调查户的记账补贴后的收入。

计算公式：城镇居民可支配收入 = 家庭总收入 - 缴纳的所得税 - 个人缴纳的社会保障支出 - 记账补贴

城镇居民人均可支配收入指在一段时期内（一般为一年）按城镇人口平均计算的城镇居民可支配收入。

农村居民纯收入指农村居民当年从各来源得到的总收入相应地扣除所发生的费用后的收入总和。

计算公式：农村居民纯收入 = 总收入 - 税费支出 - 家庭经营费用支出 - 生产性固定资产折旧 - 赠送农村内部亲友支出

农村居民人均纯收入指在一段时期内（一般为一年）按农村人口平均计算的农村居民纯收入。

（3）城镇居民人均可支配收入与农村居民人均纯收入（农村居民人均可支配收入）之比。计算公式为：

$$\text{城乡居民收入比}=\frac{\text{城镇居民人均可支配收入}}{\text{农村居民人均纯收入}}$$

4. 质量效益结构

（1）税收占 GDP 比重。宏观税负是指一个国家的税负总水平，通常以一定时期（一般为一年）的税收总量占国民生产总值（GNP）或国内生产总值（GDP）或国民收入（NI）的比例来表示。生产力发展水平、政府职能的范围以及政府非税收入规模等是决定宏观税负水平高低的主要因素。宏观税负问题始终是税收政策的核心，宏观税负水平合理与否对于保证政府履行其职能所需的财力，发挥税收的经济杠杆作用有着重要意义。计算公式：

$$税收占 GDP 比重 = \frac{税收总额}{GDP} \times 100\%$$

（2）GDP 与固定资产投资之比是反映投资效率的经济指标，用以衡量一个经济体单位投资的 GDP 产出量。一般而言，一个经济体该比例越高，其投资效率和生产效率就越高。

计算公式：GDP 与固定资产投资的比例 = GDP/固定资本投资总额 × 100%

（3）土地生产率即单位土地面积 GDP 是反映土地生产能力的一项指标，通常用生产周期内（一年或多年）单位面积土地上的产品数量或产值（包括产值、净产值）指标来表示。

$$计算公式：土地生产率 = \frac{GDP}{土地面积}$$

注：GDP 为 2010 年不变价格。

（4）全员劳动生产率指一定时期内全社会劳动者（从业人员）的劳动效率。它表明一个国家（或地区）的社会生产力发展水平，是反映该国家（地区）经济实力的基本指标之一。计算公式为：

$$全社会劳动生产率 = \frac{GDP}{平均就业人员总数}$$

（5）工业企业总资产贡献率反映企业资金占用的经济效益，说明企业运用全部资产的收益能力，是企业经营业绩和管理水平的集中体现，是评价和考核企业盈利能力的核心指标。计算公式为：

$$总资产贡献率 = \frac{(利润总额 + 税金总额 + 利息支出)}{平均资产总额} \times 100\%$$

公式中：税金总额为产品销售税金及附加与应交增值税之和；平均资产总额为期初期末资产之和的算术平均值。

（6）单位 GDP 能耗指在一定时期内（通常为一年），每生产万元国内生产总值（GDP）所消耗多少吨标准煤的能源。计算公式为：

$$单位 GDP 能耗 = \frac{能耗消耗总量}{GDP}$$

注：GDP 按 2000 年不变价计算。

（7）单位 GDP（或工业增加值）水耗指在一定时期内（通常为一年），

每生产万元国内生产总值（GDP）所消耗多少立方米水资源。计算公式为：

$$单位 GDP 水耗=\frac{用水总量}{GDP}$$

注：GDP 按 2000 年不变价计算。

5. 对外贸易结构

（1）初级产品占出口额比重及初级产品占进口额比重，用来衡量在进出口贸易活动中产品结构优化程度。一般初级产品占出口额比重越小证明出口贸易结构优化程度越高，初级产品占进口额越大进口贸易结构优化程度越高。

计算公式为：

$$初级产品占出口额比重=\frac{初级产品出口额}{货物出口总额}\times100\%$$

$$初级产品占进口额比重=\frac{初级产品进口额}{货物进口总额}\times100\%$$

（2）工业制成品占出口额比重及工业制成品占进口额比重用来衡量在进出口贸易活动中产品结构优化程度，一般工业制成品占出口额比重越大证明出口贸易结构优化程度越高，工业制成品占进口额越小进口贸易结构优化程度越高。计算公式为：

$$工业制成品占出口额比重=\frac{工业制成品出口额}{货物出口总额}\times100\%$$

$$工业制成品占进口额比重=\frac{工业制成品进口额}{货物进口总额}\times100\%$$

（3）服务出口额占货物与服务出口总额比重是服务贸易带动外贸结构升级作用进一步的显现，比重越大说明服务贸易带动外贸结构升级作用越大，反之亦然。计算公式为：

$$服务出口额占货物与服务出口额比重=\frac{服务出口额}{货物与服务出口总额}\times100\%$$

（4）我国同美日海关货物出口额占全部海关货物出口总额比重反应我国出口贸易对日本和美国的依赖程度，比重越大依赖程度越高，反之亦然。计算公式为：

$$同美日海关货物出口额占全部海关货物出口总额比重=\frac{同美日海关货物出口额}{全部海关出口总额}\times100\%$$

6. 创新驱动结构

（1）每万名就业人员 R&D 人员全时当量。由参加 R&D 项目人员的全时当量及应分摊在R&D项目的管理和直接服务人员的全时当量两部分相加计算。一个折合全时当量是一人/年。例如，一个人在R&D活动上花费了30%的正常工作时间而70%的时间用于其他工作，则其折合全时当量为0.3。

万人研究与试验发展（R&D）人员全时当量指每万个地区就业人口的R&D人员全时当量。计算公式为：

$$\text{每万名就业人员 R\&D 人员全时当量} = \frac{\text{R\&D 人员全时当量}}{\text{就业人员数（万人）}}$$

（2）R&D经费支出与GDP比例指一定时期（通常为一年）R&D经费支出占同期GDP的比重。计算公式为：

$$\text{R\&D 经费支出占 GDP 比重} = \frac{\text{R\&D 经费支出}}{\text{GDP}} \times 100\%$$

研究与试验发展（R&D）指在科学技术领域，为增加知识总量以及运用这些知识去创造新的应用进行的系统的创造性的活动，包括基础研究、应用研究、试验发展三类活动。

（3）发明专利申请授权量与R&D经费之比。发明专利在三种专利中的技术含量最高，能够体现专利的水平，也体现了研发成果的市场价值和竞争力，本指标体系中的发明专利授权数指国内职务发明专利授权数。该指标是反映专利质量的关键指标。计算公式为：

$$\text{发明专利申请授权量与 R\&D 经费之比} = \frac{\text{发明专利申请授权量}}{\text{R\&D 经费}}$$

注：R&D经费为2010年不变价格。

（4）人均技术市场成交额指按每万名科技活动人员平均的技术市场成交金额。该指标反映技术转移和科技成果转化的总体规模。技术市场成交额指全国技术市场合同成交项目的总金额。

（5）新产品销售收入占主营业务收入比重。新产品销售收入是反映企业创新成果，即将新产品成功推向市场的指标。该指标用于反映创新对产品结构调整的效果。受数据来源限制，该指标的数据口径为规模以上工业企业。计算公式为：

$$\text{新产品销售收入占主营业务收入比重} = \frac{\text{规模以上工业企业新产品销售收入}}{\text{规模以上工业企业主营业务收入}} \times 100\%$$

7. 经济发展对环境的影响

（1）化学需氧量排放量。化学需氧量COD（Chemical Oxygen Demand）是

指以化学方法测量水样中需要被氧化的还原性物质的量。即废水、废水处理厂出水和受污染的水中，能被强氧化剂氧化的物质（一般为有机物）的氧当量。在河流污染和工业废水性质的研究以及废水处理厂的运行管理中，它是一个重要的而且能较快测定的有机物污染参数，常以符号 COD 表示。

（2）二氧化硫排放量指在生产、运输、使用及回收该产品时所产生的平均温室气体排放量。而动态的碳排放量，则是指每单位货品累积排放的温室气体量，同一产品的各个批次之间会有不同的动态碳排放量。

（3）氨氮排放量。水体中的氨氮是指以氨（NH_3）或铵离子（$NH4^+$）形式存在的化合氨。氨氮是各类型氮中危害影响最大的一种形态，是水体受到污染的标志，其对水生态环境的危害表现在多个方面。与 COD 一样，氨氮也是水体中的主要耗氧污染物。

（4）氮氧化物排放量。一氧化氮、二氧化氮等氮氧化物是常见的大气污染物质，能刺激呼吸器官，引起急性和慢性中毒，影响和危害人体健康。氮氧化物中的二氧化氮毒性最大，它比一氧化氮毒性高 4—5 倍。大气中氮氧化物主要来自汽车废气以及煤和石油燃烧的废气。

（5）废水排放总量指企业提取的各种水经使用后，排放到企业生产经营活动环境范围以外的废水量。包括经本企业净化处理，达到环保排放标准的废水、未经过净化处理的废水和虽经净化处理但未达到环保排放标准的废水。废水排放量不包括河湖海冷却直排水量。

（6）森林覆盖率指林木覆盖面积占土地面积的比重。林木覆盖面积包括：郁闭度 0.2 以上的乔木林地面积和竹林地面积、灌木林地面积、农田林网以及村旁、路旁、水旁、宅旁林木的覆盖面积。土地面积中扣除大于 10 平方公里的湖泊水面及重盐碱地等面积。

计算公式为：

$$森林覆盖率 = \frac{森林覆盖面积}{土地面积} \times 100\%$$

我国农业普查内容与现代农业关系研究[①]
——兼论成都市温江区现代农业的发展

现代农业是一个动态发展的概念，呈现相对性、时代性特点，把握和指导其发展应具有阶段性定位。我国经济社会发展进入了新时代，现代农业呈现出新的特征。准确测度我国现代农业发展已经达到的总体水平是统计人应该完成的历史使命。农业普查是摸清“三农”家底的最重要、最全面的调查制度，现代农业是农业现代化的产业载体。从理论上讲，通过农业普查可以掌握现代农业发展水平；而我国现行农业普查制度的实施能否全面准确了解我国现代农业发展水平需要进一步的理论研究和实践检验。本文旨在研究从已实施的农业普查制度（全国第三次农业普查相关制度）中可以反映现代农业的数量特征，从而为进一步完善农业普查制度和进行相关决策提供对策建议。

一、研究概述

（一）研究背景

“十二五”以来，党中央、国务院不断加大强农、惠农、富农政策力度，我国现代农业发展取得了巨大进步。现阶段我国现代农业发展的内外部环境更加错综复杂。居民消费结构持续升级，部分农产品供求结构性失衡的问题日益凸显。优质化、多样化、专用化农产品发展相对滞后，部分农产品库存过多，确保供给总量与结构平衡的难度加大。资源环境约束日益趋紧，农业发展方式粗放的问题日益凸显。工业“三废”和城市生活垃圾等污染向农业、农村扩

① 基金项目：成都市温江区第三次全国农业普查领导小组办公室委托课题；作者：熊健益、刘媛媛、屈兰义、于静涵。

散，耕地数量减少、质量下降、地下水超采、投入品过量使用、农业面源污染问题加重，农产品质量安全风险增多，推动绿色发展和资源永续利用十分迫切。国内外农产品市场深度融合，农业竞争力不强的问题日益凸显。劳动力、土地等生产成本持续攀升，主要农产品国内外市场价格倒挂，部分农产品进口逐年增多，传统优势农产品出口难度加大。经济发展速度放缓、动力转换，农民持续增收难度加大的问题日益凸显。农产品价格提升空间较为有限，依靠转移就业促进农民收入增长的空间收窄，家庭经营收入和工资性收入增速放缓，加快缩小城乡居民收入差距、确保如期实现农村全面小康任务艰巨。“十三五”是我国全面建设小康社会的决胜时期，我国现代农业发展已进入全面推进、重点突破、梯次实现的新时期。

（二）研究意义

现代农业是一个动态发展的概念，呈现相对性、时代性特点，把握和指导其发展应具有阶段性定位。我国经济社会发展进入了新时代，现代农业呈现出新的特征。准确测度我国现代农业发展已经达到的总体水平是统计人必须完成的历史使命。农业普查是摸清“三农”家底的最重要、最全面的调查制度，现代农业是农业现代化的产业载体。从理论上讲，通过农业普查可以掌握现代农业发展水平。而我国现行农业普查制度的实施能否全面准确了解我国现代农业发展水平需要进一步的理论研究和实践检验。本文旨在研究从已实施的农业普查制度（全国第三次农业普查相关制度）中可以反映现代农业的数量特征，从而为进一步完善农业普查制度和进行相关决策提供对策建议。

（三）文献综述

现代农业的发展随着社会的不断进步呈现不同的阶段特征。20 世纪 60 年代起，一些发展经济学家从社会经济发展角度对农业进行了阶段划分。梅勒根据发展中国家农业技术资本投入的特点，将其划分为 3 个阶段：一是传统农业阶段，以技术停滞、生产增长主要依靠传统投入为特征；二是低资本技术农业阶段，以劳动密集型技术创新和运用、资本投入量较少为特征；三是高资本技术农业阶段，以资本密集型技术创新和运用、资本投入量较大为特征。速水佑次郎按农业发展的阶段性目标将农业分为 3 个阶段：一是以增加生产和市场粮食供给为特征的发展阶段，主要目标是提高农产品产量；二是以着重解决农村贫困为特征的发展阶段，主要目标是通过农产品价格支持政策提高农民的收入水平；三是以调整和优化农业结构为特征的发展阶段，主要目标是农业结构调整。

我国学者也提出了不同的农业阶段划分标准。农业部软科学委员会课题组（2001）从农业发展的供求关系、生产目标和增长方式角度，将我国农业发展划分为三个阶段：农产品供给全面短缺、农产品供求基本平衡及农产品供给多元化。陆文强（2001）[①] 把我国农业发展划分为：（1）农业除了保证农产品最基本的供应外，还要为我国工业化提供原始积累；（2）农业为社会提供丰富的农产品，保证改革开放的顺利进行；（3）农业基础地位则表现为农业和农村经济的稳定增长，成为整个社会稳定的基础。杨万江（2001）[②] 将现代农业发展划分为5个阶段，依次是农业现代化的准备阶段、起步阶段、初步实现阶段、基本实现阶段和发达阶段，代表农业现代化实现程度由低到高的发展过程。马晓河等（2005）[③] 根据工业化进程中的工农业关系，将其划分为以农补工、工业反哺农业的转折期和大规模反哺期3个阶段。蒋和平等（2006、2009）[④⑤]对我国农业现代化发展不同阶段进行定量分析，将我国农业现代化发展划分为5个阶段，并根据14个特征指标值进行具体测算，对2003年我国农业现代化发展的总体水平进行评价，并提出分地区、分阶段、分层次推进中国特色农业现代化建设的构想。何君等（2010）[⑥] 结合国际农业发展所经历的对农业的投入期、农业资源的流出期、农业与宏观经济的整合期、对农业的反哺期的"四阶段论"，比较分析了我国农业发展的阶段进程及政策选择。

近年来关于我国现代农业发展的研究中，靳淑平（2014）[⑦] 分析了我国现代农业发展的演进过程，进一步提出了我国现代农业发展的不协调状态的4种表现，即粮食连年增产与农业基础设施落后的不协调、农民纯收入的增长速度

---

① 陆文强："如何认识我国农业发展的新阶段"，《求是》2001年第8期，第16—19+45页。

② 杨万江："现代农业发展阶段及中国农业发展的国际比较"，《中国农村经济》2001年第1期，第12—18页。

③ 马晓河、蓝海涛、黄汉权："我国离大规模反哺农业期还有差距"，《瞭望新闻周刊》2005年第35期，第33—35页。

④ 蒋和平、辛岭、黄德林："中国农业现代化发展阶段的评价"，《科技与经济》2006年第4期，第56—60页。

⑤ 蒋和平、崔凯："现代农业发展的四种模式及启示"，《中国经贸导刊》2009年第20期，第32—34页。

⑥ 何君、冯剑："中国农业发展阶段特征及政策选择——国际农业发展'四阶段论'视角下的比较分析"，《中国农学通报》2010年第19期，第439—444页。

⑦ 靳淑平："我国现代农业发展的演进分析"，《中国农业资源与区划》2014年第5期，第95—100页。

与来自农业生产的收入增长速度不协调、农业 GDP 在国家整个 GDP 中的比重与国家用于发展现代农业的资金比重不协调、农业科技进步率的连年提高与农业劳动力的素质下降不协调。高淑媛（2016）① 认为应当从完善农业统计调查制度、整合农业统计调查资源、补充农业统计调查方法、提高农业统计信息化水平四个方面着力，构建现代农业产业统计制度体系。

从以上文献研究结论来看，国内外学者对于现代农业发展阶段研究比较全面，但对农业普查制度与现代农业发展的研究不够紧密，对我国农业普查内容是否准确反映现代农业发展的研究不够深入。本文立足于“十三五”现代农业发展的攻坚时期，结合第三次农业普查制度与农业普查内容，检验我国现行普查制度能否全面准确反映我国现代农业发展水平。

（四）研究内容

本文以我国现行农业普查内容与现代农业关系的研究为对象，探讨现代农业所具备的特征，构建新时代测度现代农业发展水平的统计指标体系，同时反映现行农业普查内容，讨论现行农业普查制度的不足，最后给出研究结论并提出相应政策建议。主要包括以下七个部分：

（1）研究概述；

（2）我国农业普查基本内容概述；

（3）新时代我国农业普查基本特征；

（4）新时代测度我国现代农业发展水平的统计指标体系构建；

（5）我国现行农业普查制度中反映现代农业发展水平的内容与指标提炼；

（6）现有农业普查制度的不足；

（7）研究结论与政策建议。

（五）研究思路与方法

本文按照“理论准备—方法构建—方法应用”的思路进行研究，即研读已有研究成果，学习农业制度的内容变迁，学习现代农业的有关理论，学习对现代农业及其物资装备、科技与人才、产业结构、农产品综合生产能力、农业产值与收入、经营组织管理与生态环境进行评价的指标构建和有关知识，研究现行普查制度反映现代农业的内容与不足之处，根据现代农业发展特点完善现

① 高淑媛：“关于改进农业统计体系的思考”，《统计科学与实践》2016 年第 8 期，第 49—51 页。

行农业普查制度。

二、我国农业普查的基本内容概述

农业普查是一项全面了解“三农”发展情况的重大国情、国力调查。它按照国家规定的方法、时间、表式和内容进行，主要采取普查人员直接到户、到单位访问登记的办法，全面收集农村、农业和农民有关情况。通过全国农业普查，摸清我国农业生产经营、资源利用、全面揭示农业现代化水平及目前面临的突出问题、主要矛盾，对于加快转变农业发展方式，坚持走出高效、产品安全、资源节约、环境友好符合中国特色的农业现代化道路，具有重大现实意义。

自 1997 年开始，每隔 10 年，我国都要开展一次全国性农业普查，到目前为止共进行了 3 次。1997 年开展的首次全国性农业普查弥补了我国农业和农村经济社会发展基础性数据的空缺，在这些数据的基础之上，我国执行了试点并全面取消农业税的惠农政策。2007 年进行了第二次全国农业普查，根据普查结果，中央陆续推出了一大批强农、惠农、富农政策，包括乡镇机构精简、政策性农业保险、债务、林权改革等。第三次全国农业普查于 2017 年 1 月 1 日开展，聚焦农业现代化、农村新面貌、农民生活新方式等方面，共调查了全国近 3.2 万个乡镇、近 60 万个村、317 万个自然村、15 万个新建的农村居民定居点。为适应当前我国农业经济社会发展要求，第三次全国农业普查在前两次普查的基础上做了如下几个方面的改变：

（1）调查内容。第三次农业普查在保持第二次全国农业普查基本框架的同时，普查内容有较大的创新设计，以更好地适应当今我国农村的经济社会状况。第三次普查首次将规模农业经营户和普通农业经营户区别普查，规模农业经营户的普查内容更加全面、翔实，以准确反映新型农业经营主体发展和农业规模化、产业化发展新情况。

（2）调查表。在乡镇普查表中大幅度增加建制镇镇区的经济社会发展指标，以全面反映我国新型城镇化发展情况。行政村普查表在反映行政村经济社会基本情况的同时，重点反映乡村基础设施情况和农村人居环境情况。

（3）调查方法。调查方式的改变是第三次普查最大的不同。当今世界已经进入“互联网 +”时代，大数据发展迅速，在提高普查人员专业技能和素质的同时，第三次全国农业普查充分运用互联网信息技术手段开展普查，体现在：①应用卫星遥感技术、无人机成像和现场拍照三位一体的调查方式来测量农作物播种面积。②普查人员运用手持智能数据采集终端（pda）采集数据，将普查数据实时传输，有效提高了普查数据的准确性和工作效率。③推进联网直报。在对行政村和乡镇进行普查时，在所有乡镇实行联网直报，提高农业普查的信息化水平。

第三次农业普查的结果反映了近年来我国农业、农村、农民基本情况发生了巨大变化。具体体现在农业综合生产能力显著增强；农田水利条件改善，抵御自然灾害的能力增强；新型农业生产经营主体大量涌现；农民生活质量和水平显著提高；农村交通和互联网逐步发展；卫生设施条件改善。同时，调查结果反映出我国农业产业化水平不高，城乡发展仍然存在较大差距等。

三、新时代我国现代农业的基本特征

农业的根本出路在于现代化，农业现代化是国家现代化的基础和支撑。我国经济社会发展进入新时代，农业主要矛盾已经由总量不足转变为结构性矛盾，现代农业呈现出新特征。新时代下我国现代农业主要有以下七大基本特征：

（一）农业生产效率优化

具有较高经济效益和市场竞争力是衡量现代农业发展水平的最重要标志。相对传统农业，现代农业具备较高的综合生产率，包括较高的土地产出率和劳动生产率。

（二）农业生产技术科学化

现代农业广泛采用先进适用的农业科学技术、生物技术和生产模式，改善农产品的品质、降低生产成本，以适应市场对农产品需求优质化、多样化、标准化的发展趋势。现代农业的发展过程，实质上是先进科学技术在农业领域广泛应用的过程，是用现代科技改造传统农业的过程。

（三）农业生产条件现代化

现代农业具有比较完善的生产条件、基础设施和现代化的物质装备，集约化、高效率地使用各种现代生产投入要素，包括水、电力、农膜、肥料、农药、良种、农业机械等物质投入和农业劳动力投入，从而达到提高农业生产率的目的。

(四) 农业组织方式现代化

现代农业广泛采用先进的经营方式、管理技术和管理手段，从农业生产的产前、产中、产后形成比较完整的紧密联系、有机衔接的产业链条，具有很高的组织化程度，促进了农业产业化、专业化和规模经营。

(五) 农业生产运营市场化

现代农业的一个显著标志是，市场成为农业经济运行的载体。现代农业主要为市场而生产，具有很高的商品率，通过市场机制来配置资源。商业化是以市场体系为基础的，现代农业要求建立非常完善的市场体系，包括农产品现代流通体系。离开了发达的市场体系，就不可能有真正的现代农业。

(六) 农业发展可持续化

农业现代化既是人类改造自然和征服自然能力的反映，也是人与自然和谐发展程度的反映。农业现代化可持续发展一方面尽可能多地生产满足人类生存、生活的必需品，确保食物安全；另一方面坚持生态良性循环的指导思想，维持一个良好的农业生态环境，不滥用自然资源，兼顾目前利益和长远利益，合理地利用和保护自然环境，实现资源永续利用。

(七) 劳动者素质现代化

具有较高素质的农业经营管理人才和劳动力，是建设现代农业的前提条件，也是现代农业的突出特征。在农业生产经营过程中，先进的生产工具靠人去创造，先进的科学技术靠人去摸索，先进的管理经验靠人去总结，先进的经营体制和运行机制靠人去应用。反过来讲，农业现代化的推进，必然要求农民素质的提高，即农业现代化与农民素质是互相影响、互相促进的。

四、新时代测度我国现代农业发展水平的统计指标体系构建

“十三五”是我国全面建成小康社会的决胜时期，党的“十九大”报告

提出要坚持新发展理念，推动新型工业化、信息化、城镇化、农业现代化同步发展，实施乡村振兴战略，坚持农业、农村优先发展，按照产业兴旺、生态宜居、乡风文明、治理有效、生活富裕的总要求，建立健全城乡融合发展体制和政策体系，加快促进农业现代化。为了全面准确评估我国现代农业发展水平，根据新时代我国现代农业基本特征，本文提出构建测度我国现代农业发展水平的统计指标体系。

（一）构建指标体系的原则

1. 全面性与客观性相结合的原则。现代化农业的范围不再仅仅指狭义的农产品生产，而是覆盖第一、二、三产业中所有涉及现代农业产业的个体和单位，因此，测度农业现代化水平的指标应当反映调查对象的整体情况。保证统计数据的客观真实是开展统计工作的首要原则。

2. 科学性与准确性相结合的原则。主要指数据的采集、整理要采用科学的统计方法以确保数据及其统计结果的可信可靠。

3. 可比性与代表性相结合的原则。应当选择独立性较强的指标，指标可量化并且便于进行横向、纵向的比较分析，选择具有代表性的指标可以减少工作量和降低误差。

4. 及时性与可操作性相结合的原则。选择指标时必须要考虑数据收集的及时性，尽可能选择那些更能精确测度当前农业发展水平的指标，可操作性是指指标的概念明确、定义清楚，方便采集数据和搜集情况。

5. 系统性与重点性相结合的原则。系统性是指说明同一对象的指标在相关性、层次性、整体性上有密切的内在联系，是指标体系科学性的必然要求；重点性是指从众多指标中选择重点来反映现代农业的基本情况，是指标体系从简从精可行的客观要求。

（二）构建指标体系

为了更好地测度当前我国现代化农业发展水平，本文按照党的十九大报告提出的对农业现代化的要求，结合现代农业统计制度，遵循指标体系构建原则构建了一个综合评价体系。针对农业投入、农业产出、农业的经营管理以及农业可持续发展四个方面，选取了 4 个一级指标和 7 个二级指标及其下属的具体三级指标，从不同角度对农业现代化水平进行测度（见表 1）。

表1　　现代农业发展主要指标

一级指标	二级指标	三级指标
农业投入	农业物资设备	粮食有效播种面积（万亩）
农业投入	农业物资设备	有效灌溉面积（万亩）
农业投入	农业物资设备	单位面积有效施肥量（Kg/亩）
农业投入	农业物资设备	单位面积农机总动力（千瓦/亩）
农业投入	农业物资设备	农业灌溉用水有效利用系数
农业投入	农业物资设备	耕种收综合机械化水平（农业机械使用量）（%）
农业投入	农业科技与人才	科技进步贡献率（%）
农业投入	农业科技与人才	农村实用人才总量（万人）
农业投入	农业科技与人才	农牧人员占农业从业人员比率（%）
农业投入	农业科技与人才	农业职业培训机构数量（个）
农业投入	农业科技与人才	农业科技经费支出占财政支出比重（%）
农业投入	农业科技与人才	农业科技园区数量（万个）
农业投入	农业科技与人才	新品种认证数量（个）
农业投入	农业科技与人才	新技术推广率（%）
农业投入	农业科技与人才	网络、电话、电视普及率（%）
农业投入	农业产业结构	畜牧、水产业面积（万公顷）
农业投入	农业产业结构	畜牧业产值占农业总产值比重（%）
农业投入	农业产业结构	水产业产值占农业总产值比重（%）
农业投入	农业产业结构	优质粮食、面粉产值占农产品产值比重（%）
农业投入	农业产业结构	肉类产值占农产品产值比重（%）
农业投入	农业产业结构	水果、蔬菜、花卉等产值占农产品产值比重（%）
农业投入	农业产业结构	林业产值占比（%）
农业投入	农业产业结构	农产品生产保护区数量（个）
农业产出	农产品综合生产能力（农产品供给）	粮食总产量（万吨）
农业产出	农产品综合生产能力（农产品供给）	棉、油、糖类总产量（万吨）
农业产出	农产品综合生产能力（农产品供给）	肉类、禽蛋类、奶类总产量（万吨）
农业产出	农产品综合生产能力（农产品供给）	水产品总产量（万吨）
农业产出	农产品综合生产能力（农产品供给）	农产品质量安全例行监测总体合格率（%）
农业产出	农业产值与农民收入	农、林、牧、渔业增加值年均增长率（%）
农业产出	农业产值与农民收入	劳动力使用量（万人）
农业产出	农业产值与农民收入	转移劳动力（万人）
农业产出	农业产值与农民收入	农村居民人均纯收入（元）
农业产出	农业产值与农民收入	农村人均耕地面积（亩）
农业产出	农业产值与农民收入	地区农业生产总值

续表

一级指标	二级指标	三级指标
农业经营管理	农产品产业化（农业生产经营组织）	大、中型农产品批发市场数量（万个） 大、中型农产品加工、流通企业集团数量（万个） 农业产业化示范基地数量（万个） 各类农业园区数量（万个） 农业产业化组织带动农户数量（亿户） 奶牛规模化养殖（年存栏100头以上）比重（%） 生猪规模化养殖（年出栏500头以上）比重（%） 进入流通领域的农产品价值总额（万亿元） 农产品销售总额（万亿元） 农产品销售总额占社会物流总额比重（%）
农业可持续发展	农业生态环境	适宜农产沼气普及率（%） 农作物秸秆综合利用率（%） 重金属污染地区土壤修复率（%） 农膜、农药、化肥使用量增长率（%） 耕地面积占地比重（%） 农业碳汇交易市场数量（个） 水资源净化厂数量（个） 绿色产品认证数量（个）

五、我国现行农业普查制度中反映现代农业发展水平的内容与指标提炼

（一）农产品供给

农业经营单位普查表D103和D104反映粮食综合生产能力；农户普查表中根据H103、规模农业经营户普查表G103、农业经营单位普查表D103等指标均可反映粮食播种面积；规模农业经营户普查表与农业经营单位普查表的535和536可反映禽蛋总产量；规模农业经营户普查表与农业经营单位普查表的533和534可反映奶类总产量；规模农业经营户普查表G405和G414、农业经营单位普查表D405和D414均可反映水产品总产量。

（二）农业物质装备

农户普查表 H072、规模农业经营户普查表 G072、农业经营单位普查表 D072 和行政村普查表 C086 与上年相比均可反映新增农田有效灌溉面积；农户普查表 H072 和 H073、规模农业经营户普查表 G072 和 G073 与农业经营单位普查表 D072 和 D073 均可反映农业灌溉用水有效利用系数；农户普查表中 H405—H406、H601—H616，规模农业经营户普查表 G422—G424、G601—G616 和农业经营单位普查表 D422—D424、D601—D616 均可反映农机总动力；农户普查表 H103 与 H107—H109、规模农业经营户普查表 G103 与 G107—G109、农业经营单位普查表 D103 与 D107—D109 均可反映耕种收综合机械化水平。

（三）农业科技

农户普查表 H013、规模农业经营户普查表 G013 和 G025、农业经营单位普查表 D025 与行政村普查表 C052、C062、C063、C117 等指标可反映农村实用人才总量。

（四）农业生产经营组织

农业经营单位普查表 D010—D011 反映农业产业化组织带动农户数量；规模农业经营户普查表 G302（505）和 G303（505）反映奶牛规模化养殖（年存栏 100 头以上）比重；规模农业经营户普查表 G302（500）和 G304（500）反映生猪规模化养殖（年出栏 500 头以上）比重。

（五）农业生态环境

农户普查表 H026（4）、规模农业经营户普查表 G706（4）和 G332 与农业经营单位普查表 D332 可反映适宜农户沼气普及率；农户普查表 H103 与 H110、规模农业经营户普查表 G103 与 G111、农业经营单位普查表 D103 与 D111 可反映农作物秸秆综合利用率。

（六）农业产值与农民收入

农户普查表 H009、规模农业经营户普查表 G009 指标可反映转移农业劳动力人口；规模农业经营户普查表 G003 与 G655—656 可反映农村居民人均纯收入。

六、现有农业普查制度的不足

向现代农业转变是我国农业的大目标。国务院发文指出，以发展多种形式农业适度规模经营为核心，以构建现代农业经营体系、生产体系和产业体系为重点，着力转变农业经营方式、生产方式、资源利用方式和管理方式，推动农业发展由数量增长为主转到数量、质量、效益并重上来，由主要依靠物质要素投入转到依靠科技创新和提高劳动者素质上来，由依赖资源消耗的粗放经营转到可持续发展上来，走产出高效、产品安全、资源节约、环境友好的现代农业发展道路。现行农业普查制度中，农业普查内容对现代农业发展水平的反映程度不够深入、测度范围不够全面。为了解决现代农业发展中人民日益增长的需求和不平衡不充分的发展之间的矛盾，贯彻供给侧结构改革理论指导思想，本文以我国现代农业发展水平为视角提出我国现行农业普查制度的几点不足。

（一）观光休闲业测度缺位

观光休闲农业是一种综合性的休闲农业区。游客不仅可以观光、采果、体验农作、了解农民生活、享受乡间情趣，而且可以住宿、度假、游乐。休闲农业的基本概念是利用农村的设备与空间、农业生产场地、农业自然环境、农业人文资源等，经过规划设计，以发挥农业与农村休闲旅游功能，提升旅游品质，并提高农民收入，促进农村发展的一种新型农业。近年来人民对美好生活的需求日益增长，观光休闲农业的发展迅速，但现行农业普查制度中对观光休闲业测度缺位，无法准确反映我国现代农业发展水平。

（二）循环农业反映不足

循环农业是指在农作系统中推进各种农业资源往复多层与高效流动的活动，以此实现节能减排与增收的目的，促进现代农业和农村的可持续发展。循环农业就是运用物资循环再生原理和物资多层次利用技术，实现较少废弃物的生产和提高资源利用效率的农业生产方式。循环农业作为一种环境友好型农作方式，具有较好的社会效益、经济效益和生态效益。现行农业普查制度对循环农业的测度不够全面。

（三）订单农业监测薄弱

订单农业又称合同农业、契约农业，是20世纪90年代后出现的一种新型农业生产经营模式。所谓订单农业，是指农户根据其本身或其所在的乡村组织同农产品的购买者之间签订的订单，组织安排农产品生产的一种农业产销模式。订单农业很好地适应了市场需要，避免了盲目生产，有利于市场中买卖双方降低交易风险。订单农业的发展有利于提高现代农业发展质量，加大现行农业制度中对订单农业的监测，更加真实地反映我国现代农业发展水平。

（四）现代农业组织管理与服务机构有待健全

现代农业的发展需要实现组织管理方式的现代化。具体指广泛采用先进的经营方式、管理技术和管理手段，从农业生产的产前、产中、产后形成比较完整的紧密联系、有机衔接的产业链条，具有很高的组织化程度；有相对稳定，高效的农产品销售和加工转化渠道的服务机构，有高效率地把分散的农民组织起来的组织体系，有高效率的现代农业管理体系。健全现代农业组织管理与服务机构有利于对农业进行规模化、集约化、市场化和农场化的生产活动管理，是提高现代农业发展水平的有效途径。

（五）农业标准化有待推进

农业标准化是指以农业为对象的标准化活动。具体来说，是指为了有关各方面的利益，对农业经济、技术、科学、管理活动中需要统一、协调的各类对象，制订并实施标准，使之实现必要而合理的统一的活动。农业标准化是现代农业的重要基石。国内外农业发展的实践经验表明，农业标准化是促进科技成果转化为生产力的有效途径，是提升农产品质量安全水平、增强农产品市场竞争能力的重要保证，是提高经济效益、增加农民收入和实现农业现代化的基本前提。加快农业标准化进程是新世纪、新阶段推进农业产业革命的战略要求。

七、研究结论与政策建议

在全面建成小康社会的决胜时期，加快现代农业建设步伐至关重要。加快现代农业的建设有利于解放和发展农村生产力，提高农业综合生产能力与效益，促进农村经济社会全面发展；有利于引进工业技术成果，提高农业发展质量，增强城乡之间、工农之间的交流与互动，实现城乡协调发展；有利于合理利用资源，保护和改善生态环境，增强农业可持续发展能力。但是，现行农业普查制度无法满足现代农业发展水平的要求。因此，应充分掌握现代农业基本特点，健全测度新时代现代农业发展水平统计指标体系，改革农林牧渔业统计调查制度，完善现有农业普查制度，为加快现代农业建设步伐提供制度支撑。

为了全面测度新时代我国现代农业发展水平，弥补现行农业普查制度的不足，建议扩大农业普查内容范围，加深农业普查内容深度，完善农业普查制度体系。针对上文提出农业普查制度中观光休闲业测度缺位、循环农业反映不足、订单农业监测薄弱和现代农业组织管理与服务机构有待健全等问题，建议在农业普查制度的农业信息普查表中添加适当内容，获取如表2所示的指标相关信息。

表2　　农业普查制度中可补充的现代农业指标

现代农业发展模式	具体指标
观光休闲农业	观光休闲农业占地面积（亩）
	观光休闲农业年均收入（万元）
	观光休闲农业带动就业人数（人）
循环农业	循环农业资金投入（万元）
	测土配方施肥耕地面积（亩）
订单农业	农业订单作物成交量（种类/成交量）
	农业订单作物成交额（万元）
组织管理与服务机构	农村集体经济组织数（个）
	农业产业化示范基地数量（个）
	农村集体经济组织资产（万元）
	农业市场服务平台交易额（万元）

建议加快农业标准的制订步伐，农业部门要按照“统一、简化、优选”的原则，组织力量抓紧制（修）订符合国家、行业标准的优势、特色农产品质量标准、生产技术规范和操作规程，同时注重与国际标准接轨。大力推行标准化生产管理，以实施农业标准化为抓手，大力推进无公害农产品基地建设和“三品”认证工作。积极培育农业专业合作经济组织和农产品行业协会，通过实施标准化把示范基地、农民企业和农民群众紧密联系起来，提高标准实施的覆盖率。建立健全农产品质量安全监测体系，围绕治理农产品污染，确保消费者健康和安全，抓好产地环境质量标准、生产技术操作规程、农业投入品和农产品检验监测、农产品市场转入等项工作。积极推行农产品认证制度，要以无

公害农产品生产基地认定和“三品”认证为基础，引导和鼓励农业龙头企业、农民合作经济组织、农村种养大户及其他生产单位开展认证和管理工作。加强农业标准化技术推广队伍建设，标准化管理人员和基层农业技术人员是农业标准化推广实施的骨干力量，要坚持有计划、有层次地进行标准化知识培训，特别要注意培养农民专业合作经济组织和农村种养大户中的标准化工作带头人。

2017 年四川省成都市温江区全面贯彻中央和省、市“三农”工作决策部署，着力深化农业供给侧结构性改革，农业发展质量不断提升，农村改革纵深推进，农民收入持续增加，脱贫攻坚成效明显。全区实现农业增加值 18.79 亿元，同比增长 3.5%；农民人均可支配收入达到 25437 元，同比增长 8.7%。近年来温江区现代农业发展步伐持续加快，成立股份经济合作社联合总社，发展农村集体经济组织；全面启动全省农村土地流转收益保证贷款试点工作，探索农村金融服务的新途径和新模式；全省率先成立首个家庭农场协会，促进农业增效，农民增收；积极发展农民股份合作赋予农民对集体资产股份权能；积极探索农业发展新途径，温江花木交易启动全新电商模式。温江区现代农业发展步伐稳步向前，根据温江区现代农业发展特点，重点衡量温江区现代农业发展水平的指标如表 3 所示。

表 3　　温江区现代农业发展水平的指标

一级指标	二级指标
农业物资设备	粮食有效播种面积（万亩） 有效灌溉面积（万亩） 单位面积有效施肥量（Kg/亩） 单位面积农机总动力（千瓦/亩） 农业灌溉用水有效利用系数 耕种收综合机械化水平 （农业机械使用量）（%）
农业科技与人才	科技进步贡献率（%） 农村实用人才总量（万人） 农业职业培训机构数量（个） 农业科技经费支出占财政支出比重（%） 农业科技园区数量（个） 新品种认证数量（个） 新技术推广率（%） 网络、电话、电视普及率（%）

续表

一级指标	二级指标
农业产业结构	优质粮食、面粉产值占农产品产值比重（%） 水果、蔬菜、花卉等产值占农产品产值比重（%） 林业产值占比（%）
农产品综合生产能力 （农产品供给）	农产品生产保护区数量（个） 粮食总产量（万吨） 棉、油、糖类总产量（万吨） 肉类、禽蛋类、奶类总产量（万吨） 水产品总产量（万吨） 农产品质量安全例行监测总体合格率（%）
农业产值与农民收入	农、林、牧、渔业增加值年均增长率（%） 劳动力使用量（万人） 农村居民人均纯收入（元） 农村人均耕地面积（亩） 地区农业生产总值（万元）
农产品产业化 （农业生产经营组织）	大、中型农产品批发市场数量（个） 大、中型农产品加工、流通企业集团数量（个） 农业产业化示范基地数量（个） 各类农业园区数量（个） 农业产业化组织带动农户数量（户） 进入流通领域的农产品价值总额（亿元） 农产品销售总额（亿元）
农业生态环境	农作物秸秆综合利用率（%） 污染地区土壤修复率（%） 农膜、农药、化肥使用量增长率（%） 耕地面积占地比重（%） 绿色产品认证数量（个）

现代农业经过一定时期的发展已经形成各式各样集多功能为一体的发展模式，各地区结合自身社会经济发展实际情况及优势资源，根据侧重点不同选择不同功能为主的现代农业发展模式。成都市温江区要在已形成休闲旅游农业、科技农业园区、产业化组织和集约生态发展等多种模式的基础上，结合本地社会、经济、文化等多种因素及优势资源条件，以乡村振兴战略行动为抓手，大

力发展现代农业。主要应围绕以下几个方面大力开展工作：

（1）从发展方向看，主要走都市农业的发展路子。温江区特殊的地理位置决定了新时代现代农业的发展要走现代都市农业的路子，所以应以都市农业为现代农业的主要发展方向，优化现代农业的产业体系、生产体系、经营体系，建好盆景和特色花木专业园区和产业基地。

（2）从发展组织保障来看，要优化现有的农业生产经营组织和服务体系。温江区要尽快全面建成“供销合作社 + 农村合作经济组织联合会 + 为农服务中心”体系，让农业生产者和经营者找到最贴心的组织和依靠。

①加快发展农业生产性服务业。农业生产性服务是指贯穿农业生产作业链条，直接完成或协助完成农业产前、产中、产后各环节作业的社会化服务。发展农业生产性服务业，要着眼满足普通农户和新型经营主体的生产经营需要，立足服务农业生产产前、产中、产后全过程，充分发挥公益性服务机构的引领带动作用，重点发展农业经营性服务。

②完善农业市场信息服务，围绕农户生产经营决策需要，健全市场信息采集、分析、发布和服务体系，用市场信息引导农户按市场需求调整优化种养结构、合理安排农业生产。定期发布重要农产品价格信息，增强价格信息的及时性和农民信息获得的可及性。支持服务组织为农户和新型经营主体提供个性化市场信息定制服务，提高服务的精准性有效性。

③加强农产品营销服务，鼓励农产品批发市场积极提供农产品预选分级、加工配送、包装仓储、信息服务、标准化交易、电子结算、检验检测等服务。利用农业展会开展多种形式的产销衔接，拓宽农产品流通渠道。积极发展农产品电子商务，鼓励网上购销对接等多种交易方式，促进农产品流通线上线下有机结合。鼓励具有资质的服务组织开展农产品质量安全检验检测，推动农产品质量安全检测结果互认，为生产者和消费者提供准确、快捷的检测服务。推动基层农产品质量安全监管机构提供追溯服务，指导生产经营主体开展主体注册、信息采集、产品赋码、扫码交易、开具食用农产品合格证等业务。

④大力推广农业生产托管，农业生产托管是农户等经营主体在不流转土地经营权的条件下，将农业生产中的耕、种、防、收等全部或部分作业环节委托给服务组织完成或协助完成的农业经营方式，是服务型规模经营的主要形式，有广泛的适应性和发展潜力。要总结推广一些地方探索形成的“土地托管”“代耕代种”“联耕联种”“农业共营制”等农业生产托管形式，把发展农业生产托管作为推进农业生产性服务业、带动普通农户发展适度规模经营的主推服

务方式，采取政策扶持、典型引领、项目推动等措施，加大支持推进力度。

⑤引导服务规范发展，结合深化“放管服”改革，培育服务市场、扶持服务主体、规范服务行为，不断优化工作指导和服务。建立健全农业生产性服务业标准体系，针对不同行业、不同品种、不同服务环节，制定服务标准和操作规范，加强服务过程监督管理，引导服务主体严格履行服务合同。

（3）从发展技术和设施保障来看，要加快“双新双创”和基础设施的提升行动。培养新农民、推广新技术，推进农村创业创新，是发展温江区现代农业的重要举措。建成和引进更多更有生气的农业科技创新中心与团队，实施“互联网＋”现代农业，积极推动“智慧农业”的发展。保证优质足够的粮食生产功能区和菜粮基地高标准农田建设区、重要农产品保护区，加快推进和完成“田网、路网、渠网、观光网、服务信息化网、设施用地网和耕地地力提升”等“七网”建设。

（4）从发展主体来看，完善产权制度盘活土地资源，让农民在土地增值和经营有序的环境中发展现代农业。“中央一号文件”指出，当前农村最重要的生产要素是土地，新形势下，深化农村土地制度改革主线仍然是处理好农民和土地的关系。可以说，通过完善产权制度盘活土地资源，在实践中探索盘活利用闲置宅基地和农房增加农民财产性收入的办法，是未来乡村能否真正实现振兴的关键。

①健全土地流转规范管理服务制度，探索加强土地经营权流转交易市场建设，健全市场运行规范，拓展市场服务功能，为流转双方提供价格信息、政策咨询、价值评估、抵押融资等服务。加强土地流转价格监测和指导，研究提出土地经营权权益评估标准。加强流转合同管理，研究制定示范合同文本，探索建立土地流转合同网签管理制度。鼓励地方探索土地流转履约保证保险，研究完善工商资本租赁农地监管和风险防范机制。

②理清农村集体资产核算，探索农村集体资产清产方案，明确清产核资的对象、范围、主要任务和工作步骤。建立健全农村集体资产登记、保管、使用、处置等制度，实行台账管理。加快推进农村集体资产监督管理平台建设，促进资金规范管理、资产保值增值、资源合理利用。

③规范农村财务管理，推动农村集体财务管理制度化、规范化、信息化建设。稳定农村财会队伍，落实民主理财，规范财务公开，切实维护集体成员经济权益和监督管理权。

④建立农村产权抵押融资，建立向家庭农场、农民合作社等新型农业经营

主体农村产权抵押贷款服务，撬动信贷资源流向“三农”领域。完善权属登记及流转管理体系，健全农村资产评估体系，优化抵押登记服务体系，建立健全农村资产流转处置机制，完善风险分担补偿机制，不断提高金融机构参与积极性，通过盘活农村资产，促进其变为发展资本。

新时代我国经济中长期潜在增长率的测算研究[①]

2017 年 10 月党的十九大报告明确指出，我国经济发展进入新时代，特征包括经济从高速转为中高速增长，经济结构优化升级，从要素驱动、投资驱动转向创新驱动，新时代下中国经济面临着前所未有的挑战。中国中长期潜在经济增长率的估算对准确把握真实的经济运行态势，制定正确的经济发展政策，保证中国经济长期平稳健康、可持续增长，具有非常重要的作用。

本文结合新时代我国经济发展的特征，从不同角度出发测算我国经济潜在增长率。首先从国内供给角度出发，考虑要素投入对经济增长的贡献，引入状态空间模型构建弹性可变的生产函数模型。结合新时代背景，提出"有效劳动"概念，分别对资本和劳动投入要素进行再估计。结果发现，生产函数测算的我国经济潜在增长率能够很好拟合 1978—2016 年我国经济周期转折点，同时预测 2017—2035 年新时代我国经济潜在增长率。其次从国际开放角度出发，由菲利普斯曲线与奥肯定律经济理论结合国际市场因素对我国经济的影响，在向量自回归模型中引入通货膨胀、外汇储备与汇率等指标测算我国经济潜在增长率。结果发现，1986 年前潜在增长率测算结果与实际增长率结果拟合效果好，1986 年后国际市场动荡时潜在增长率往往低于实际增长率，国际市场平稳时，潜在增长率往往高于实际增长率，同时预测 2017—2035 年新时代我国经济潜在增长率。最后通过两模型测算结果，结合 1978—2016 年潜在增长率与实际增长率拟合情况分析，给出未来中长期我国经济潜在增长率的上限与下限。预测 2017—2035 年新时代我国中长期经济潜在增长率结果显示，2020 年我国经济潜在增长率在 5.51%—7.06%之间、2025 年经济潜在增长率

① 本文作者为于静涵、熊健益，其主体内容来源于于静涵的硕士论文。

在4.32%—6.45%之间、2030年经济潜在增长率在3.55 %—5.90%之间、2035年经济潜在增长率在3.02%—5.40%之间。

一、绪论

（一）研究背景

新时代背景下我国经济增长压力持续增加，劳动年龄人口不断下降，劳动力供求关系与上一时期相比出现明显变化，工资水平不断提高，制造业成本持续增加，低成本优势逐渐减弱；国际投资与贸易拉动国内经济增长的动力逐步衰退；国内市场需求结构不断升级，国内供给目前无法满足日益增长的需求变化。继经济发展进入新时代后，针对国内外环境新变化，党的十九大报告提出中国经济发展进入经济增速放缓、由高速增长转向高质量发展的新时代。

新时代背景下中长期内中国经济增长率会是多少，是宏观经济领域研究的重要问题，更是制定经济政策的重要依据。在宏观经济增长的研究中，经济潜在增长率的测算是宏观经济分析的重点内容，因此准确测算经济潜在增长率对于掌握经济发展态势，制定经济发展战略具有非常重要的作用。

（二）选题意义

经济潜在增长率这个概念的提出，可以追溯到潜在GDP（潜在产出，Potential Output），在潜在GDP基础上得到的增长率为经济潜在增长率。最早美国经济学家奥肯（Okun，1962）① 以自然失业率为假设前提估算美国经济潜在增长率，首次提出潜在GDP的概念，“在保持价格相对稳定情况下，一个经济体所有资源充分利用时所生产的最大产值”。但这只是一个比较笼统的概念。经过许多学者和机构的不断探索，目前对潜在产出与潜在增长率的理解可分为凯恩斯学派和新古典主义学派。凯恩斯学派认为潜在产出是各投入要素达到最大利用率的产出，潜在产出则为理论条件下的最大经济产出；而新古典主义认为，实际产出是围绕潜在产出上下波动。

---

① Okun A M：《Potental GNP：Its Measurement and Significance》，Proceedings of the Business and Economics Session，American Statistical Association，1963，98 - 104.

在不同的理论框架下，真正结合我国现阶段实际经济情况对我国潜在GDP展开多角度的研究，对估算我国经济潜在增长率有重要的理论意义。同时，在新时代我国经济呈现新特征的情况下，中国中长期经济潜在增长率的估算关系到经济发展的本质与核心，因此准确测算经济潜在增长率对于掌握经济发展态势，制订经济发展战略具有非常重要的作用。

（三）已有研究状况及进展

1. 经济潜在增长率论述

（1）凯恩斯主义学派。凯恩斯主义学派将经济周期分为繁荣期和萧条期，认为在繁荣期对各项投入要素存在过度使用，而在萧条期对投入要素资源存在闲置。潜在产出与潜在经济增长则是在各项资源充分利用的情况下达到的最高水平。但是，在实践中不同学者对其应用有很大差异。美国经济学家Okun（1962）提出，潜在经济增长与失业率有关，当失业率控制在一定范围（4%），在充分就业的状态下，各项资源充分利用，假定劳动生产效率和资本存量等要素投入是给定的，不影响潜在经济增长，这样建立失业率与潜在经济增长率的关系就能得到潜在经济增长率。美国经济学家Levy（1962）[①]在Okun定义的基础上认为，潜在经济增长是指在正常价格水平下，当资本和劳动力利用率处于充分就业状态时，以最佳可利用技术、最低组合可投入成本所能生产物品和服务的水平。迈克尔·帕金认为，自然失业率下的实际经济增长率就是潜在经济增长，提高劳动力和劳动生产率将扩大经济生产可能性边界，从而提高潜在经济增长率。凯恩斯主义传统的理解可归纳为“潜在经济增长率同时考虑经济体供给和需求时，在非加速通货膨胀水平下，充分利用要素资源达到的最大产出水平”。

（2）新古典主义学派。新古典主义学派认为，在经济市场中，基于理性预期下假设市场是完美的，实际产出能够根据市场需求相应做出调整。政府对于经济的宏观调控不会对实际产出水平带来深远影响，经济周期的波动与市场失灵无关，是技术变动的自然结果。在新古典宏观理论中，实际经济增长可分为长期趋势性经济增长和短期波动性经济增长。在实际经济增长中，剔除短期的波动性影响，得到的长期趋势性经济增长则为经济潜在增长。因此新古典主义的潜在经济增长可归纳为“在没有非预期的财政和货币政策冲击下，资源

① Levy, M：“E, Fiscal policy, cycles and growth”，《National Industrial Conference Board》，1963.

正常使用时的产出水平”。在新古典主义理论框架下，实际经济增长率围绕潜在经济增长率上下波动，产出缺口正负交替；凯恩斯主义传统理解的潜在经济增长率则是产出的最大可能，潜在经济增长率要高于实际增长率。因此不同理论框架下，运用不同统计方法得到的潜在增长率估计结果会有所不同。

2. 经济潜在增长率测算方法

随着众多学者对潜在经济增长率研究的深入，已经涌现出大量从不同理论出发、不同角度展开的对潜在经济增长率的测算，迄今为止已有十几种方法，下面结合上述对潜在经济增长率的不同理解将现有方法进行梳理，归纳为以下三类：

（1）统计趋势分解法。以新古典主义经济理论为基础的统计趋势分解法（消除趋势法），不考虑变量间的经济关系，运用统计和计量方法将时间序列分解为持久性趋势和暂时性周期两个部分。将持久性趋势作为潜在经济增长趋势，暂时性周期作为产出缺口变动周期，剔除时间序列中暂时性周期，从而得到潜在经济增长率。统计趋势分解法大致分为四种：

①线性趋势法。线性趋势法认为潜在经济增长的趋势是确定不变的，通过取对数将经济增长的指数形式转化为线性形式，数学表达式为：

$$\mathrm{Ln}\ (Y_t)\ = \mu + \beta t + \varphi\ (L)\ \varepsilon t \tag{1}$$

其中 Ln（Y_t）为实际产出的自然对数；t 为时间；μ、β 为系数，表示长期稳定趋势；εt 为随机扰动项；φ（L）表示为滞后算子 L 的多项式，表示短期经济波动。线性趋势法是最简单的估计潜在经济增长率的方法，它的缺点在于没有考虑产出序列的非平稳性和结构变化等特征，是一种非常粗略的计算方法，难以保证潜在经济增长率估算的真实性和准确性。

②峰值趋势法。峰值趋势法认为经济周期中峰值代表资源与技术的充分利用，为潜在经济增长，非峰值时潜在的经济增长可以利用线性趋势测算。但是在实际应用中学者发现：实际产出序列的峰值作为潜在经济增长，有待进一步验证，其想法具有强烈的主观性；同时潜在经济增长受与其最近期峰值的影响很大，利用线性趋势估算的潜在经济增长往往忽略了不稳定波动带来的影响。

③单变量滤波法。单变量滤波法的发展为潜在经济增长率的估算提供了许多新的剔除短期趋势方法，主要有以下几种：

- BN 分解法。该方法认为实际产出的时间序列趋势是随机游走的单位根过程，实际产出非平稳序列可以分为平稳的自回归和随机波动过程两个部分，可表示为：

$$\mathrm{Ln}(Y_t) = \mathrm{Ln}(Y_0) + \delta t + \varphi(L)\sum_{j=1}^{t}\varepsilon j + \varepsilon' \quad (2)$$

其中，$\mathrm{Ln}(Y_0) + \delta t$ 为确定趋势；$\varphi(L)\sum_{j=1}^{t}\varepsilon j + \varepsilon'$ 为随机波动。BN 分解法属于一种技术性的分解方法，相比较而言缺乏经济理论的支持。

- UC—卡尔曼滤波法。Harvey (1989)① 最先提出 UC—卡尔曼滤波法，它的基本思想是将实际产出序列 Y_t 分解为趋势性潜在产出 Y_t^* 和周期性产出缺口 Y_t^C，模型如下：

$$Y_t = Y_t^* - Y_t^c \quad (3)$$

$$Y_t^* = \alpha + Y_{t-1}^* + \varepsilon_t \quad (4)$$

$$\varphi(L)Y_t^c = \nu_t \quad (5)$$

其中式 3 将实际产出分解为潜在产出与产出缺口；式 4 为带有固定漂移项的随机游走过程的潜在产出；式 5 假设产出缺口为平稳可逆的有限阶自回归过程。UC—卡尔曼滤波法与 BN 分解法类似，不同之处在于 BN 分解法假设趋势成分与周期成分相关，而该方法假设两者不相关。该方法的缺点在于样本长度与初始值对估计结果影响很大。

- HP 滤波法。Hodrick 和 Prescott (1997)② 提出 HP 滤波法，该方法将实际经济增长分解为长期趋势增长和短期趋势增长两部分：

$$Y_t = Y_t^* - Y_t^c \quad (6)$$

$$\min\left\{\sum_{t-1}^{N}(Y_t - Y_t^*) + \alpha\sum_{t=2}^{N-1}\left[(Y_{t+1}^* - Y_t^*) - (Y_t^* - Y_{t-1}^*)\right]^2\right\} \quad (7)$$

式 6 中 Y_t 为 t 期实际 GDP，Y_t^* 和 Y_t^c 分别表示长期趋势成分和短期波动成分。该方法的核心是将 Y_t^* 从 Y_t 中分离出来，但 Y_t^* 是时间序列中不可观测成分，所以一般定义为最小化解的问题如式 7 所示。HP 滤波法有很好的灵活性和适应性，在实践中应用广泛，其最大的争议点在于选取 α 的值会决定不同周期方式和平滑度。

- CF 滤波。CF 滤波由 Christiano 和 Fitzgerald (2003)③ 提出，该方法的

① Harvey A C：《Forecasting, Structural Time Series Models and the Kalman Filter》，Cambridge University Press，1989.

② Hodrick R J、E C Prescott、Postwar U S："Business Cycles: An Empirical Investigation"，《Journal of Money, Credit, and Banking》1997 年第 29 期，第 1—6 页。

③ Christiano L. J、T. J. Fitzgerald："The Band Pass Filter"，《International Economic Review》2003 年第 2 期，第 435—465 页。

基本思想是将残差平方和的期望值最小化，根据不同性质的时间序列采用不同的滤波公式，即使同一序列中不同时间的估计也能用不同权重。BK 滤波在某种程度上来说可以看作 CF 滤波的特例。

（2）经济结构关系法。与凯恩斯主义理论相对应的经济结构关系法，建立在一定经济关系基础上，通过核算潜在生产要素的投入水平进而估计潜在产出。经济结构关系法可以从要素变化的角度分析出潜在产出水平的变化，有较强的经济理论作支撑，但是对各投入要素数据要求较高，经济结构关系法主要包括奥肯定律与生产函数法。

①奥肯定律。奥肯定律描述失业率与产出缺口之间有一定的比例关系，奥肯（1962）认为潜在经济增长率（资源与技术充分利用的最大产出水平）下对应的失业率为自然失业率。具体表现为：

$$\frac{1}{\alpha}(Y_t - Y_t^*) = -\beta\ (\mu_t - \mu_t^n) \tag{8}$$

其中，Y_t^* 表示潜在产出；μ_t 表示实际失业率；μ_t^n 表自然失业率。该方法的难点在于自然失业率 μ_t^n 和系数$\frac{1}{\alpha}$、β 难以估计。

②生产函数法。Charles Cobb 和 Paul Douglas 提出的生产函数法，其形式表示为：

$$Y = A\,K^\alpha L^\beta \tag{9}$$

$$\alpha = \frac{\partial\ Y}{\partial\ K} * \frac{K}{Y} = A\alpha\ K^{\alpha-1} L^\beta \frac{K}{Y} \tag{10}$$

$$\beta = \frac{\partial\ Y}{\partial\ L} * \frac{L}{Y} = A\beta\ K^\alpha L^{\beta-1} \frac{L}{Y} \tag{11}$$

式 9 中 A 为全要素生产率（技术进步），α 和 β 均为正参数，分别表示资本产出弹性和劳动产出弹性，且规模报酬不变，即 $\alpha+\beta=1$。α 和 β 可以表示为式 10 和式 11。柯布—道格拉斯生产函数有很强的经济理论依据，实际应用中得到学者和国际组织的广泛认同，其难点在于资本存量与潜在就业的准确测度。

（3）基于统计趋势分解法和经济结构关系法的综合测算法，该方法一方面结合统计趋势法的技术性；另一方面结合经济理论的逻辑支撑，学者们期望通过两种方法结合来更加准确地测算经济潜在增长。综合测算方法主要包括以下三种：

①多变量动态滤波方法。Latxton 和 Tetlow（1992）① 提出多变量动态滤波法，在普通滤波的基础上（HP 滤波、卡尔曼滤波）引入菲利普斯曲线和奥肯定律曲线，将产出与失业率、价格、通货膨胀等因素一起建立经济理论方程，来测算潜在经济增长率。随着研究的不断深入，学者发现利用贝叶斯估计方法对多变量动态系统进行参数估计，在实际应用方面更有优势。

②结构向量自回归方法。Blanchard 和 Quah（1989）② 提出将结构向量自回归模型运用到潜在经济增长率的测算中。在经济市场中，需求和供给会给经济增长带来冲击。Blanchard 和 Quah 认为，供给冲击是长期持久性的，而需求冲击是暂时波动性的，其依据菲利普斯曲线和奥肯定律经济理论，通过结构向量自回归模型对残差进行分解，得到影响产出变化的暂时性成分和持久性成分，从而得到对潜在经济增长的估计。

③动态随机一般均衡方法。动态随机一般均衡模型（DSGE）在一般均衡的框架下来分析要素投入与产出。新凯恩斯 DSGE 模型是在模型设定中加入价格粘性和不完全竞争性的市场因素，有效区分趋势产出、有效产出和自然产出三个层次的潜在经济产出概念。马文涛（2011）③ 利用 DSGE 模型与传统方法对比，发现其对通货膨胀的预测能力、经济周期拐点的一致性以及产出缺口测算的稳定性等方面更有优势。但是动态随机一般均衡模型的稳健性有待进一步提高，这也限制了动态随机一般均衡模型法在计算潜在产出方面的运用。

3. 国内外经济增长率研究现状

从国内外文献整理中发现，不少官方机构和中外学者分别应用以上三种方法对潜在经济增长和增长率进行测算，下面本文将国内外研究现状依据时间顺序按运用的不同方法进行梳理：

（1）国外研究现状。基于统计趋势分析法测算潜在经济增长率最早是 Okun（1962），其采用线性趋势估计潜在经济增长率。线性趋势法是最简单的估计潜在经济增长的方法，Taylor（1979）提出泰勒规则，他采用线性趋势法将真实的 GDP 数值进行分解得到潜在经济增长。线性趋势法虽然计算简便，但它没有考虑到时间序列的数据特征（如数据是否具有平稳性），由于经济数

---

① Laxton, D. and Tetlow, R. A simple multivariate filter for the measurement of potential output [J]. Bank of Canada Technical Report 1992, 59.

② Blanchard O. D Quah. The Dynamic Effects of Demand and Supply Disturbances [J]. American Economic Review, 1989, 79 (4): 655 - 673.

③ 马文涛、魏福成："基于新凯恩斯动态随机一般均衡模型的季度产出缺口测度"，《管理世界》2011 年第 5 期，第 39—65 页。

据大部分都是非平稳数据，这让许多学者将注意力集中在时间序列新的分解方法上。Beveridge 和 Nelson（1981）① 提出 BN 分解法将非平稳时间序列数据分解成周期性趋势和暂时性波动两部分，为潜在产出的计算方法提供新思路。Hodrick 与 Prescott（1997）② 采用了 HP 滤波法，发现第二次世界大战后美国经济存在三大周期，为经济周期和潜在经济增长率的测算提供了新的方向。Lendvai（2005）进一步发展 HP 滤波的方法，将模型中引入生产函数、工资、失业等指标，组成多变量模型。

基于经济结构关系法，测算潜在经济增长率。Okun（1962）首先以奥肯定律为基础，估算 1947—1953 年美国潜在经济增长率为 4.5%，1953—1962 年大约为 3.5%。Sato（2001）③ 在生产函数的基础上测算了日本潜在经济增长与经济产出缺口，但所得结果与日本官方公布结果差异较大。Chow 和 Li（2002）④ 通过柯布—道格拉斯生产函数，假设未来全要素生产率保持当前水平，运用 1952—1998 年相关数据预测中国 1999—2010 年的经济增长。Wang 等人（2006）⑤ 利用 1953—2005 年数据，构建不同时间段的四类卢卡斯扩展增长模型，预测在政府管理费用不断上升和最终消费不断下降的发展趋势下，中国经济增长率 2006—2010 年达到 7.8%，2011—2020 年达到 5.9% 的水平。Holz（2008）⑥ 利用外推法预测中国经济增长，同时将中国经济 1978—2003 年的发展趋势与其他国家早期经济发展相对比，如美国、日本、韩国等，预测中短期内中国经济必然是快速增长，2005—2015 年增长速度将保持在 7%—9%。Zheng 和 Bigsten 等（2009）⑦ 将增长分解成要素积累和全要素生产率增长来描

---

① Beveridge S. C, R Nelson. A New Approach to Decomposition of Economic Time Series into Permanent and Transitory Components with Particular Attention to Measurement of the 'Business Cycle' [J]. Journal of Monetary Economics, 1981, (2): 151 - 174.

② Hodrick R J, E C Prescott, Postwar U S. Business Cycles: An Empirical Investigation [J]. Journal of Money, Credit, and Banking, 1997, (29): 1 - 6.

③ Kazuo Sato. Japan's Potential Output and the GDP Gap: A New Estimate [J]. Journal of Asian Economics, 2001, 12 (02): 183 - 196.

④ Gregory C CHOW, Kui - Wai LI. China's Economic Growth: 1952—2010 [J]. Economic Development and Cultural Change, 2002, 51 (1): 247 - 256.

⑤ Kuijs L, Wang T. China's Pattern of Growth: Moving to Sustainability and Reducing Inequality [J]. China & World Economy, 2006, 14 (1): 1 - 14.

⑥ Holz C A. China's Economic Growth 1978—2025: What We Know Today about China's Economic Growth Tomorrow [J]. World Development, 2008, 36 (10): 1665 - 1691.

⑦ Zheng J, Hu A, Bigsten A. Potential Output in a Rapidly Developing Economy: The Case of China in Comparison with the US and EU [J]. Federal Reserve Bank of St. Louis Review, 2009, 91 (4): 317 - 342.

述中国的增长模式，然后研究生产要素积累的过程，分析中国高水平因素累积的决定因素，并评估生产要素是否有效分配和利用，总结了总要素生产率增长下降的原因，提出可能提高生产资源配置的政策建议。

基于统计趋势分解法和经济结构关系法的综合测算法。Blanchard 与 Jean (1989)① 使用了 SVAR 模型估计潜在经济增长，以供给需求冲击为理论基础，认为需要区分由技术变革导致的趋势性成分和由临时性需求冲击导致周期性成分，通过包含了失业率等因素的模型来估计潜在经济增长相关变量，对美国经济做出预测。Aple 和 Jansson (1999)② 基于 UC—卡尔曼滤波法，引入奥肯定律和菲利普斯曲线对美国和加拿大等地的潜在经济增长率进行估算，并探讨通货膨胀、产出缺口与周期性失业率三者之间的关系。

国外许多官方组织用不同方法对潜在经济增长进行测算。国际货币基金组织（International Monetary Fund，IMF）③ 认为，一国或地区经济在不同时间潜在经济增长率是变化的，从而根据经济运行特点对该国家或地区的潜在经济增长进行时间段的划分，利用递归残差来检验季度经济增长，然后测算不同时段的潜在经济增长。世界银行（World Bank）在《2020 年的中国研究》中利用多部门 Solow 增长模型对 1995—2020 年中国经济增长进行预测，预测结果显示 1995—2020 年中国潜在经济增长率年均 6.6%。亚洲开发银行（Asian Development Bank，ADB）在《1999 年国别报告》中采用经济发展趋势法对中国过去 20 年的发展趋势和国际经验对 2000—2020 年中国潜在经济增长率进行估算预测结果显示，2000—2010 年中国经济年均增长率为 6%，2010—2020 年为 5%。高盛公司（Goldman Sachs）利用跨国经验模型，考虑人口结构变动，储蓄率下降，较高投资率等因素，预测 2001—2010 年中国经济可保持 7.2% 的增长水平，2010—2025 年可达到 6.8% 的增长水平。

（2）国内研究现状。基于统计趋势分析法，刘斌和张怀清（2001）④ 分别利用多种方法对 1992—2001 年样本数据进行估算，得到中国潜在增长率，在比较中发现采用单、多变量的 UC—卡尔曼滤波方法得到结果在经济解释上更

---

① Blanchard O D Quah. The Dynamic Effects of Demand and Supply Disturbances [J]. American Economic Review, 1989, 79 (4): 655-673.

② Apel M, Jansson P. A Theory-consistent System Approach for Estimating Potential Output and the NAIRU [J]. Economics letters, 1999, 64 (3): 271-275.

③ De Masi. P. IMF Estimates of Potential Output: Theory and Practice. IMF Working Paper, 1997: 97

④ 刘斌、张怀清："我国产出缺口的估计"，《金融研究》2001 年第 10 期，第 69—77 页。

为合理。高铁梅和梁云芳（2005）[①] 利用 ARIMA 模型、HP 滤波法和生产函数法对我国经济的潜在 GDP 增长率进行了计算，并利用 ARIMA 模型预测 2005 年、2006 年潜在经济增长率为 8.4%、8.3%。杨天宇和黄淑芬（2010）[②] 采用小波降噪方法，对比 HP 滤波、BK 滤波、UC—卡尔曼滤波、SVAR 方法，发现小波降噪方法能更准确预测通货膨胀和反映中国经济周期波动情况。

基于经济理论和结构化分解法，沈利生（1999）[③] 基于生产函数法，利用 Klein（1985）峰到峰趋势法估计设备利用率，估算中国潜在经济增长率的趋势变动，建议将 2000—2010 年经济增长的中国宏观调控目标定在 9% 左右。李善同（2000）[④] 运用一般均衡模型，模拟未来 20 年中国经济发展的路径，设定经济低增长和基准增长情景，结果表明中长期内供给和需求方面仍有巨大潜力，中国经济仍可保持快速增长。解三明（2000）[⑤] 利用生产函数、计量经济模型和季度周期模型，在对比国内外经济环境的基础上，分析三次产业结构协调发展及三大需求对经济增长的拉动，预测 2001—2015 年经济增长率能够实现 7% 或略高一点的中高速增长。王小鲁（2000）[⑥] 从生产要素、制度改革、经济结构变动及外部国际环境等方面，分析改革开放后我国经济增长具体情况，从而对今后 20 年中国经济增长潜力进行预测，认为中国经济增长率在 2001—2010 年达到 6.58%，2011—2020 年达到 6.21%。郭庆旺和贾俊雪（2005）[⑦] 根据 1978—2002 年的年度数据，通过对消除趋势法、增长率推算法和生产函数法的比较，认为消除趋势法与生产函数法计算结果相对可靠，并推断 1978—2002 年中国经济的潜在增长率是 9.56%。张延群和娄峰（2009）[⑧] 以 1970—2007 年中国经济数据为基础，利用柯布—道格拉斯生产函数与 Solow

---

① 高铁梅、梁云芳："论中国增长型经济周期波动及适度增长区间"，《经济学动态》2005 年第 8 期，第 37—43 页

② 杨天宇、黄淑芬："基于小波降噪方法和季度数据的中国产出缺口估计"。

③ 沈利生："我国潜在经济增长率变动趋势估计"，《数量经济技术经济研究》1999 年第 12 期，第 3—6 页。

④ 李善同、侯永志、刘云中等："中国经济增长潜力与经济增长前景分析"，《管理世界》2005 年第 9 期，第 7—19 页。

⑤ 解三明："我国经济中长期增长潜力和经济周期研究"，《管理世界》2000 年第 5 期，第 13—23 页。

⑥ 王小鲁："中国经济增长的可持续性与制度变革"，《经济研究》2000 年第 7 期，第 3—15 页。

⑦ 郭庆旺、贾俊雪："中国全要素生产率的估算：1979—2004"，《经济研究》2005 年第 6 期，第 51—60 页。

⑧ 张延群、娄峰："中国经济中长期增长潜力分析与预测：2008—2020 年"，《数量经济技术经济研究》2009 年第 12 期，第 137—145 页。

增长模型分析全要素劳动生产率、资本和劳动力对中国经济增长的贡献，并对2008—2020年中国经济进行预测，结果表明乐观情况下中国年均经济增长速度为7%—8%，较差的情况只能达到5%—6%。吴国培（2015）[①] 在生产函数基础上引入状态空间模型，使各要素产出弹性呈动态变化，并对2014—2020年中国经济增长潜力进行预测。白重恩和张琼（2016）[②] 利用Solow模型及资本产出比，对中国增长潜力进行研究，同时运用反事实研究法分析近年来生产率下降的原因。郭学能和卢盛荣（2018）[③] 在供给侧结构性改革对中国潜在经济增长率影响机理分析下，分析基准情景和悲观情景未来潜在增长率水平。昌忠泽和毛培（2017）[④] 使用生产函数法以ARMA模型为辅助对新常态中国经济的合理增速进行估算。肖宏伟和王涛（2018）[⑤] 运用柯布—道格拉斯生产函数和状态空间模型，对我国新时代2020—2035年、2035—2050年两阶段经济潜在增长率分别进行测算。

基于统计趋势分解法和经济结构关系法的综合测算法。赵留彦（2006）[⑥] 将中国1983—2004年季度产出利用菲利普斯曲线模型，通过UC—卡尔曼滤波平滑算法分解成趋势成分和周期成分，结果显示模型效果优于HP滤波法。郑挺国、王霞（2010）[⑦] 选用6种常用去除趋势的方法，利用中国1992—2010年季度数据，将其进行分解，对比分析不同方法获得产出缺口最后发现不可观测成分模型可靠性最高。周晓艳、张杰与李鹏飞（2012）[⑧] 测算发现，在潜在增长测算中贝叶斯方法要优于小波降噪方法，外部突发因素与政府经济政策是影响产出缺口与形成经济周期的主导原因，目前中国到了中长期潜在经济增长

---

① 吴国培："新常态下的中国经济增长潜力分析"，《金融研究》2015年第8期，第46—63页。

② 白重恩、张琼："中国经济增长潜力研究"，《宏观经济》2016年第5期，第62—109页。

③ 郭学能、卢盛荣："供给侧结构性改革背景下中国潜在经济增长率分析"，《经济学家》2018年第1期，第29—40页。

④ 昌忠泽、毛培："新常态下中国经济潜在增长率估算"，《经济与管理研究》2017年第9期，第3—14页。

⑤ 肖宏伟、王涛："新时代'两阶段'战略目标下的我国经济潜在增长率预测"，《中国物价》2018年第9期，第3—6页。

⑥ 赵留彦："中国核心通胀率与产出缺口经验分析"，《经济学（季刊）》2006年第3期，第219—240页。

⑦ 郑挺国、王霞："中国产出缺口的实时估计及其可靠性研究"，《经济研究》2010年第10期，第131—144页。

⑧ 周晓艳、张杰、李鹏飞："中国季度潜在产出与产出缺口的再估算——基于不可观测成分模型的贝叶斯方法"，《数量经济技术经济研究》2012年第10期，第4—20页。

下降的重要转折点。于洪菲（2013）[①] 分别采用生产函数法、SVAR 模型和开放条件下的 UC—卡尔曼滤波法对 1978—2011 年我国潜在产出和产出缺口进行估算，结果表明利用超越生产函数法来估计潜在产出优于其他方法。林建浩和王美今（2016）[②] 建立马尔科夫模型和 TVP—SV—VAR 模型识别新常态下经济波动的强度与驱动因素。谢攀和刘子扣（2019）[③] 运用一般均衡模型并考虑“货币中性”对中国潜在产出测算的影响，对我国新常态下潜在产出测算进行回顾、反思与展望。

4. 研究评述

综合以上国内外关于潜在经济增长率的研究，可以看到关于测算潜在经济增长率的三类方法各有优劣，国内外学者的偏重也有所不同。

统计分解趋势法的优点在于只需要实际产出的时间序列数据，缺点在于缺少经济理论支撑，没有将宏观经济变量比如就业人口、投资额、通货膨胀率等因素考虑进去估算经济增长率，仅仅通过计量和统计技术剔除周期性成分，可以看作一种机械的平滑过程。经济结构关系法的优点在于该类方法与一定的经济理论相联系，试图用经济理论分离出结构性和周期性因素对产出的影响，缺点在于对各项投入要素数据质量要求高，相关数据无法直接获得，需要重新估算。基于统计趋势分解法和经济结构关系法的综合测算法从结合两者优点的角度出发，综合模型既包含经济含义，对数据的质量要求也相对不那么苛刻，但是这种估算方法在具体使用时还存在着一定识别性和实用性等问题，目前综合型测算还有待进一步发展。

国外学者在方法上的研究比较深入，分别提出统计趋势法、经济结构法和综合测算法。国内学者则主要参考国外的计量方法，结合国内经济发展实际情况测算中国潜在增长率，进一步讨论测算效果与经济发展趋势等问题。国内外已有研究文献主要存在以下四个问题：第一，运用生产函数法测算潜在增长率往往假定投入要素产出弹性不变，但这一假定已经不符合目前我国经济结构变化趋势；第二，生产函数法在要素弹性可变的基础上，往往忽略劳动供给中劳动力人口受教育水平对劳动供给质量的影响；第三，预测新时代下我国经济潜

---

① 于洪菲：“我国潜在产出的估计与评价”，吉林大学 2013 年。

② 林建浩、王美今：“新常态下经济波动的强度与驱动因素识别研究”，《经济研究》2016 年第 5 期，第 27—40 页。

③ 谢攀、刘子扣：“新常态下潜在产出测算的回顾、反思与展望”，《统计与决策》2019 年第 1 期，第 14—17 页。

在增长率中长期增速的文章并不多见，已有文献根据生产函数预测中长期潜在增长率，通常需要先假定各投入要素中长期增速，此方法过于主观；第四，对经济潜在增长率的测算只从国内角度出发，忽略国际因素的影响。所以新时代下对经济潜在增长率预测研究合适的方法有必要深入探究。

（四）本文研究思路

中国经济进入新时代前，“三驾马车”思想是分析宏观经济增长的主流方法，单从需求角度出发，在投资、消费和净出口需求中拉动任何一部分就能带动经济。但新时代下我们必须认清经济形势，明确新时代经济增速放缓不是仅由短期行为造成的，新时代经济增速放缓是趋势性、结构性的，因此在分析中长期经济可持续发展的问题时不能仅从短期均衡出发，而应该认识到决定新时代中国高质量发展的因素主要包括人口的质量与结构、资源环境的质量、资本积累的质量、技术创新的质量、对外开放的质量和制度安排的有效性等诸多方面。

因此，本文以生产函数分析框架为基础，分析劳动力供给、资本投入和全要素生产率的提升在经济发展中的作用，同时基于统计趋势分解法与经济结构法结合的综合测算方法，考虑现行“一带一路”开放政策及国际经济因素，在开放经济条件下估计我国经济潜在增长率。具体分析思路如下：

（1）绪论。交代本文研究背景、选题意义、文章研究思路、研究内容及创新之处。梳理国内外研究文献，明确经济潜在增长率理论内涵与分析方法，对比不同方法的优劣之处，确定文本的研究角度与思路。

（2）新时代特征对经济潜在增长率的影响。厘清新时代背景下我国经济发展新特征，结合习近平新时代中国特色社会主义经济思想，深入分析我国新时代经济发展特征对我国经济潜在增长率的影响。

（3）基于生产函数法测算我国经济潜在增长率。从供给角度出发，分析劳动供给中人口的质量与结构，资本积累的质量与技术创新的质量，分别测算“有效劳动力”与资本存量，引入状态空间模型建立弹性可变的生产函数模型，测算1978—2016年我国经济潜在增长率，同时预测2017—2035年未来中长期我国经济潜在增长率。

（4）基于综合测算法测算我国经济潜在增长率。本部分基于统计趋势分解法与经济结构法结合的综合测算方法，考虑国际经济因素，在开放经济条件下估计我国经济潜在增长率；以向量自回归模型为基础，通过菲利普斯曲线与奥肯定律引入通货膨胀指标，同时结合国际市场因素影响引入净出口额、汇率和外汇储备指标，估计开放经济条件下我国的经济潜在增长率；测算 1978—2016 年我国经济潜在增长率，同时预测 2017—2035 年未来中长期我国经济潜在增长率。

（5）新时代我国经济中长期潜在增长率测算比较分析。在前面两部分的基础上，对比生产函数模型和向量自回归模型得到的潜在增长率的测算结果，从两个角度出发进行预测结果的比较分析。一是对比 1978—2016 年经济潜在增长率的测算结果，分析经济的潜在增长率对经济周期转折点和实际增长率的拟合情况；二是对比未来中长期经济潜在增长率预测结果，即到 2035 年我国基本实现社会主义现代化这一时期，设定我国新时代经济潜在增长率的上限与下限，为未来经济运行态势的把握提供参考。

（6）总结。本部分为测算新时代我国中长期经济潜在增长率的测算理论分析、方法研究、取得成果等方面做出全面总结。

（五）创新与不足

本文的创新之处在于，首先生产函数中引入状态空间模型，构建投入要素弹性可变的生产函数模型，符合现阶段我国投资拉动经济疲软，人口红利消失，有效劳动力不足等现状，以期更加准确地测算我国经济潜在增长率；同时从经济开放角度，根据菲利普斯曲线与奥肯定律经济理论与国际市场因素对我国经济发展的影响，引入相关指标结合向量自回归模型测算开放条件下我国经济潜在增长率。

其次，在预测角度上，探讨经济潜在增长率和产出缺口的文献有很多，但是目前对我国经济潜在增长率中长期预测文章并不多见，更鲜有结合我国新时代背景经济发展特征的影响，对我国中长期经济潜在增长率进行的预测。本文基于当今我国经济增长新时代的特殊时期，从供给角度与对外开放角度出发，预测中长期我国经济潜在增长率。

本文也有诸多不足之处。首先，在生产函数模型设计上对于资本存量测算的折旧率确定还有待进一步考究，在数据质量不断提高的情况下，是否有其他更为简便和准确的方法测算投入要素；其次，随着统计方法的不断发展，在开放条件下对潜在增长率的测算模型还有较大的拓展空间。在今后的研究中基于以上两点还应进行更为细致的深入分析。

二、新时代特征对经济潜在增长率的影响

（一）新时代我国经济增长特征

中国特色社会主义新时代的开启是一个循序渐进的过程，要分析新时代我国经济呈现的特殊问题，必须理清新时代的历史进程与计划目标。在这个进入新时期的过程中，新时代的“起点”为党的十八届一中全会，新时代的“标志”是党的十九大，2020年决胜全面建成小康社会，到2035年基本实现社会主义现代化，2050年建成社会主义现代化强国。因此考察中国特色社会主义新时代的历史起点，首先要以党的十八届一中全会为起点，可以明确中国特色社会主义新时代的历史进程为2012—2020年；2020—2035年开启基本实现社会主义现代化进程；2035—2050年实现建成社会主义现代化强国目标①。

2014年“两会”召开前夕，习近平总书记对新时代经济形势做出了重要判断，该时期基本特征表现为：经济增长速度换挡期、结构调整阵痛期、前期刺激政策消化期“三期叠加”。党的十九大报告明确提出，我国经济发展进入了新时代。在此阶段我国人口红利逐步衰退，劳动力市场供求不平衡，制造业成本不断提高，国际市场需求对我国经济拉动作用明显转弱。国内市场需求结构升级，但国内供给无法满足需求变化。针对国内外环境新变化，新时代的中国经济发展转型呈现以下特征：

一是经济增速放缓，从高速增长转为中高速增长。自1978年改革开放以来，我国经济增速一直保持10%左右的高速增长，借助国际市场的发展契机，通过人口红利优势，凭借丰富的劳动力资源，在制造业的蓬勃发展下有效利用国际市场资源，引进投资，由外需拉动国内经济快速发展。随着国际与国内经济环境的变化，我国对外贸易占全球贸易比重很高的情况下，对外贸易已经难以进一步突破，同时随着人口红利的消失，国内制造业很难维持低成本优势。因此在新时代下，我国经济很难像改革开放初始阶段一样保持高速增长。

二是由高速增长阶段转向高质量发展阶段。在过去经济高速增长阶段，经济的快速发展往往是以牺牲环境、耗费资源为代价。目前我国经济总产值居世

① 刘建军：“试论中国特色社会主义新时代的历史起点”，《思想理论教育》2017年第12期，第10—13页。

界第二位，200 多种主要工业品生产规模位居世界第一位，但仍要认清注重质量、提高效益、加强增长动力是新时代经济增长的重点。新时代经济发展必须以提高质量和竞争力为目标，把提高供给体系质量作为主攻方向，显著增强我国经济发展质量优势。

在新时代我国经济呈现新特征的情况下，中国中长期潜在经济增长率的估算对准确把握真实的经济运行态势，制定正确的经济发展政策，保证中国经济长期平稳健康、可持续增长，具有非常重要的作用。

（二）新时代经济潜在增长率的影响因素

我国进入老龄化社会，劳动力供求关系从量变转为质变。国家进入人口老龄化社会的标志为：60 岁以上的老年人口占总人口的比例达到 10%。统计数据显示 2012 年末我国老年人口达 1.85 亿人占总人口 13.7%，预计 2020 年老年人口将会达到 1.6 亿人。由于计划生育政策的影响，我国长期处于低生育率状态，2015 年全面“二孩”政策的放开，也没有转变当前人口形势。那么，在人口总量下降或基本不变的条件下，老龄化人口比重的加大必然导致劳动力人口的减少。在 2010 年劳动人口到达峰值后，依靠人口红利支撑的增长模式开始加速消失。同时，人们已经意识到在劳动市场中人口本身已经成为一种劳动力资本和智力资本，在人口红利逐步消退的同时，要从劳动的数量资本转向智力资本，这就包括人的思想品质、文化教育、科技以及自身的身体状况水平等的提高，因此，出现了各大城市接连出台“抢人大战”政策，通过城市福利待遇引进大量青年人才现象。新时代人力资本投入对经济增长的影响，不能仅衡量就业人口数量，更应从质量角度出发，准确测算劳动力投入中“有效劳动”对中国潜在经济增长的影响。

物质资本投入从需求端转为供给侧，技术创新是重要经济增长点。过去分析宏观经济增长常常从需求端“三驾马车”出发，认为只要扩大投资、消费和净出口需求就可以拉动经济增长。由于国内的消费需求结构在不断发生变化，以传统产业如钢铁、煤炭为代表的产业供给远远超出需求，2015 年中央财经领导小组首次提出“供给侧结构性改革”要求扩大有效供给，调整经济结构，矫正生产要素在资源配置中产生的扭曲，提高全要素生产率，提高供给结构的适应性与灵活性。随着经济发展资本积累加速增长，同时资本积累对经济增长产生的弹性加速降低。新时代我国经济发展中资本积累带来的经济增长是有限度的，经济发展中对资本的依赖需要转变到技术创新上来，技术进步不仅有数量，而且有质量，在中国经济进入新时代的背景下，技术创新的质量对经济发展更加重要，以战略性新兴产业为代表的新能源、新材料、生物生命工程、信息技术和移动互联网、节能环保、新能源汽车、人工智能及高端装备制造，是未来刺激我国经济增长的重要动力。为了准确预测物质资本存量对新时代经济增长潜力的拉动，本文充分考虑要素投入替代弹性可变这一事实，从供给侧方向出发衡量有效物质资本投入对潜在经济增长率的影响；同时在预测新时代潜在经济增长率时充分考虑未来技术进步在经济发展中的重要作用。

全方位开放，全球配置资源。改革开放初期，我国经济发展主要是利用国际市场扩大出口，利用国际资本吸引外资。随着我国新时代经济发展，目前我国拥有巨大的国内市场，一方面全方位开放有利于我国满足国内需求的升级，促进国内消费和供给进而推动经济增长；另一方面我国拥有巨大的过剩资本亟待寻找像“一带一路”倡议这样的新出口，给我国对外贸易带来新的转机。因此新时代下中国要全方位推动技术、资本与劳动资源在国际市场的配置，积极在全球化背景下搭建合作平台，有效促进区域间、国际间资源流动，不但能够调节现阶段我国供求结构失衡对经济发展的限制，更能开辟国际贸易的新阶段，为未来我国经济长足稳定发展打下牢固基础。因此，本文在国际因素的影响下，从开放的角度测算新时代我国经济潜在增长率。

三、基于生产函数法测算我国经济潜在增长率

本部分从供给侧角度出发，运用生产函数法估计我国经济潜在增长率，该方法的优点是在经济增长理论的基础上，考虑要素投入对经济增长的贡献，模型中包含解释经济增长的因素，具有明确的经济理论支撑。许多国际组织与官方机构测算经济潜在产出与潜在增长率时也应用生产函数法。例如，国际货币基金组织和美联储等。

在现有文献中，多数学者应用生产函数法测算经济潜在产出与潜在增长率，都假定投入要素替代弹性不变，而现阶段我国技术进步与劳动投入产出弹性不断加大，资本投入产出弹性不断减小。为了适应上述问题，本文在柯布—道格拉斯生产函数基础上引入状态空间模型计算我国经济潜在增长率。同时基于前文新时代特征对经济潜在增长率的影响，引入“有效劳动”概念，分别对资本和劳动两种投入要素进行再估计，技术水平不再以恒定不变为假设条件，考虑技术创新因素，使得技术水平逐年变化。

（一）生产函数模型

柯布—道格拉斯生产函数其形式表示为：

$$Y_t = A\,K_t^{\alpha} L_t^{\beta} \tag{12}$$

式中，Y_t为实际产出；A 为技术水平；也称全要素生产率；K_t为资本投入；α 为资本产出弹性；L_t为劳动投入；β 为劳动产出弹性。在构建有效劳动力与永续盘存法测算资本存量时，柯布-道格拉斯生产函数可进一步表示为：

$$A_0\,e^{r_t t}\left[(1-\delta)\times K_{t-1}+\frac{I_t}{P_t}\right]^{\alpha_t}\left[\left(\frac{\sum_{i=1}^{n} q_{it}\,h_{it}}{q_t}\right)N_t(1-u_t)\right]^{\beta_t} \tag{13}$$

其中，Y_t、K_t和L_t含义与上文相同。技术水平 A 不再假定为恒定不变，而是采取$A_0e^{r_t t}$的形式。其中，A_0为初始技术水平；$e^{r_t t}$表示技术水平逐年变化。K_t资本投入采取$\left[(1-\delta)\times K_{t-1}+\frac{I_t}{P_t}\right]^{\alpha_t}$形式，$\delta$ 表示资本存量的折旧率；I_t为以当期计价的投资额；P_t 表示投资价格指数。L_t 的有效劳动投入表示为$\left[\left(\frac{\sum_{i=1}^{n} q_{it}\,h_{it}}{q_t}\right)N_t(1-u_t)\right]^{\beta_t}$，$q_{it}$为 t 年受 i 层次教育人口数；h_{it}为 i 层次教育年限，q_t为该年龄人口总数；N_t（$1-u_t$）为就业人员数。假设规模报酬不变，即 $\alpha+\beta=1$，对上式取对数可得：

$$\mathrm{Ln}\,Y_t = \mathrm{Ln}\,A_0 + r_t\times t + \alpha_t\times \mathrm{Ln}\,K_t + (1-\alpha_t)\times \mathrm{Ln}\,L_t \tag{14}$$

令$y_t=\mathrm{Ln}\,Y_t$，$c=\mathrm{Ln}\,A_0$，$k_t=\mathrm{Ln}\,K_t$，$l_t=\mathrm{Ln}\,L_t$，构建状态空间模型如下：

量测方程：

$$y_t = c + r_t\times t + \alpha_t\times k_t + (1-\alpha_t)\times l_t + \xi_t \tag{15}$$

状态方程：

$$r_t = \theta\times r_{t-1} + \omega + \eta_t \tag{16}$$

$$\alpha_t = \lambda\times \alpha_{t-1} + \pi + \mu_t \tag{17}$$

状态空间模型中，量测方程 15 为生产函数的对数形式，状态方程 16 和方程 17 为劳动和资本的一阶自回归过程。其中 θ、λ、ω 和 π 为待估计参数，ξ_t、η_t和μ_t分别为各方程的随机扰动项。

（二）数据来源与测算

1. 实际产出

本文以 1978 年为基期，选取《中国统计年鉴（2017）》中 1978—2016 年国内生产总值（按当年价格计算）与国内生产总值指数（1978 = 100）进行折算，剔除价格变动对国内生产总值的影响，得到实际 GDP（见表 1）。折算公式为：

第 t 年实际 GDP = 1978 年实际产出（3678.7 亿元）× 第 t 年国内生产总值指数 ÷ 100

表 1　　中国 1978—2016 年实际 GDP

年份	名义 GDP（亿元）	国内生产总值指数	实际 GDP（亿元）	年份	名义 GDP（亿元）	国内生产总值指数	实际 GDP（亿元）
1978	3678.7	100.0	3678.7	1998	85195.5	650.8	23941.0
1979	4100.5	107.6	3958.3	1999	90564.4	700.7	25776.7
1980	4587.6	116.0	4267.3	2000	100280.1	760.2	27965.5
1981	4935.8	122.0	4488.0	2001	110863.1	823.6	30297.8
1982	5373.4	132.9	4889.0	2002	121717.4	898.8	33064.2
1983	6020.9	147.3	5418.7	2003	137422.0	989.0	36382.3
1984	7278.5	169.6	6239.1	2004	161840.2	1089.0	40061.0
1985	9098.9	192.4	7077.8	2005	187318.9	1213.1	44626.3
1986	10376.2	209.6	7710.6	2006	219438.5	1367.4	50302.5
1987	12174.6	234.1	8611.8	2007	270232.3	1562.0	57461.3
1988	15180.4	260.4	9579.3	2008	319515.5	1712.8	63008.8
1989	17179.7	271.3	9980.3	2009	349081.4	1873.8	68931.5
1990	18872.9	281.9	10370.3	2010	413030.3	2073.1	76263.1
1991	22005.6	308.1	11334.1	2011	489300.6	2270.8	83535.9
1992	27194.5	351.9	12945.3	2012	540367.4	2449.2	90098.7
1993	35673.2	400.7	14740.6	2013	595244.4	2639.2	97088.3
1994	48637.5	453.0	16664.5	2014	643974.0	2831.8	104173.4
1995	61339.9	502.6	18489.1	2015	689052.1	3027.2	111361.6
1996	71813.6	552.5	20324.8	2016	744127.2	3229.7	118811.0
1997	79715.0	603.5	22201.0				

资料来源：《中国统计年鉴（2017）》及整理计算。

2. 物质资本存量

运用生产函数法估计我国经济潜在增长率，要求对物质资本存量的准确测算，它会直接影响到研究结果的准确性。因此本文在探讨相关研究的基础上，选择科学准确的方法测算我国资本存量。

在众多学者的应用中，永续盘存法估算资本存量被广泛接受，其基本形式如下：

$$K_t = (1-\delta) \times K_{t-1} + \frac{I_t}{P_t} \tag{18}$$

其中，K_t表示实际资本存量（不变价计算）；δ表示资本存量的折旧率；I_t为以当期计价的投资额；P_t为当期投资价格指数。$(1-\delta)\times K_{t-1}$表示为剔除折旧后上期剩余资本存量，I_t/P_t则剔除价格变动后表示当期资本投入。因此永续盘存法下测算的资本存量，主要有以下四个关键变量：基期资本存量K_0、折旧率δ；投资额I_t和价格指数P_t。

（1）基期资本存量K_0。本文所选数据的样本空间为1978—2016年。综合以往相关文献，资本存量在基期的选取上主要为1952年与1978年两个时间点。由表2可以看出，对于1952年固定资本存量的估计，不同学者的估计结果差异很大，但通过式7可以看到，当时间序列较长时基期资本存量K_0经过$(1-\delta)^n$折旧后时期越长，对未来资本存量的影响就越小，且影响程度呈指数形式下滑。经过26期折旧率的重置降低估计风险，到1978年差距缩小到3%左右。因此，为了尽量减小基期资本存量估算对整体资本存量的影响，本文选择1952年为基期（见图1）。同时对比各位学者对1952年基期资本存量的估计结果，从可靠性与稳定性的角度考虑，选取中位数值，借鉴于洪菲（2013）的研究成果，确定1952年固定资本存量为574.2亿元。

表2　　1952年资本存量估计结果（1952年价格）

学者	贺菊煌（1992）	邹至庄（1993）	王小鲁、樊纲（2000）	张军、章元（2003）	白重恩（2007）	单豪杰（2008）	于洪菲（2013）
1952年固定资本存量（亿元）	516	1030	1600	815	230	342	574.2

（2）折旧率δ。目前国内学者对折旧率的选择差异较大，资本存量的测算对折旧率的变化比较敏感，这也是造成资本存量差异的主要原因。折旧率的核算方法主要有两类，一类是基于传统企业会计的核算方法，用直线折旧来处理折旧率；另一类方法是假设资本服从某种效率模式，运用几何折旧法计算折旧率（见表3）。

表 3　　1978—2016 年中国资本存量

年份	固定资本形成总额当年（亿元）	固定资产投资价格指数	实际固定资本形成总额（亿元）	资本存量（亿元）
1978	1108. 65	100. 00	1108. 65	7854. 00
1979	1194. 12	102. 16	1168. 82	8551. 57
1980	1345. 83	105. 27	1278. 47	9316. 94
1981	1381. 94	108. 68	1271. 58	10029. 50
1982	1558. 62	111. 19	1401. 72	10829. 45
1983	1742. 61	113. 92	1529. 71	11709. 39
1984	2192. 10	118. 57	1848. 80	12855. 63
1985	2844. 13	127. 10	2237. 73	14322. 02
1986	3299. 67	135. 28	2439. 19	15901. 89
1987	3821. 42	142. 32	2685. 04	17632. 81
1988	4841. 98	161. 62	2995. 97	19570. 81
1989	4518. 55	175. 41	2575. 97	20972. 53
1990	4636. 06	189. 44	2447. 19	22161. 36
1991	5794. 80	207. 44	2793. 46	23625. 14
1992	8460. 95	239. 18	3537. 48	25745. 11
1993	13574. 38	302. 80	4482. 92	28683. 32
1994	17187. 91	334. 29	5141. 56	32103. 88
1995	20357. 41	354. 02	5750. 41	35928. 06
1996	23319. 78	368. 18	6333. 84	40106. 21
1997	25363. 18	374. 44	6773. 69	44473. 53
1998	28751. 44	373. 69	7693. 97	49499. 09
1999	30241. 43	372. 19	8125. 20	54654. 34
1999	30241. 43	372. 19	8125. 20	54654. 34
2000	33527. 70	376. 29	8910. 14	60285. 22
2001	38063. 95	377. 79	10075. 36	66743. 47
2002	43796. 93	378. 55	11569. 72	74308. 58
2003	53964. 40	386. 88	13948. 76	83798. 82
2004	65669. 81	408. 54	16074. 23	94845. 12
2005	75809. 60	415. 08	18263. 95	107418. 37
2006	87223. 33	421. 30	20703. 19	121676. 46
2007	105052. 18	437. 73	23999. 05	138374. 92

续表

年份	固定资本形成总额当年（亿元）	固定资产投资价格指数	实际固定资本形成总额（亿元）	资本存量（亿元）
2008	128001.91	476.69	26852.06	156924.48
2009	156734.51	465.25	33688.06	181197.07
2010	185827.31	482.00	38553.26	208878.50
2011	219670.95	513.81	42753.04	239098.83
2012	244600.73	519.57	47077.68	271830.58
2013	270924.15	521.13	51988.12	307508.86
2014	290053.08	523.73	55381.89	344440.22
2015	301503.00	514.31	58623.33	382397.13
2016	318911.53	511.22	62382.48	421835.79

数据来源：《中国统计年鉴（2017）》及整理计算

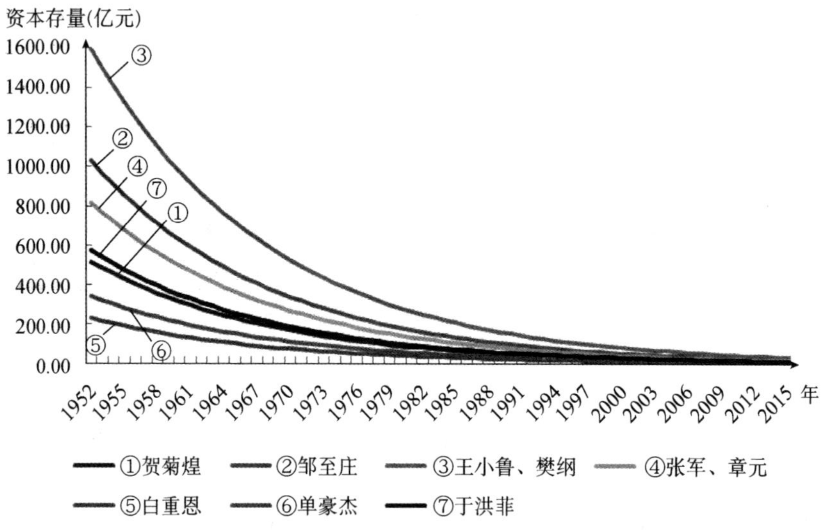

图 1　1952—2015 年不同初始资本时间序列存量

第一类方法中，官方机构与多位学者的测算结果在 4%—6% 之间。其中根据《中国统计年鉴》公布的数据，一般年份折旧率大多在 4% 左右。王小鲁和樊纲（2000）在实证研究中的折旧率估算结果为 5%；而 Hall 和 Jongs（1999）、Young（2000）、中国人民银行课题组（2011）等估算的折旧率为 6%。第二类方法中，折旧率测算结果相对较高，张军（2004）采用几何折旧法，最终推算出的我国资本总额折旧率在 9.6% 到 12.06%；单豪杰（2008）测算的折旧率为 10.96%。

对于两类方法中折旧率的选择，于洪菲（2013）运用两种方法分别得到6%和10.96%的折旧率，同时经过论证认为6%的折旧率水平是比较合适的，因此本文借鉴于洪菲（2013）的研究成果，将折旧率定为6%。

（3）投资额I_t的确定。投资额数据主要包括积累额、资本形成总额、固定资本形成总额、全社会固定资产投资和新增固定资产投资。运用积累额的优势在于无需考虑折旧问题，贺菊煌（1992）、张军和章元（2003）就使用了生产性积累数据。积累额指在一定时期内用于扩大社会再生产、非生产性建设、增加社会生产性和非生产性储备的总额。但是自1993年后新的统计体系不再公布积累数据与相应价格指数，同时由于积累额数据中生产性积累还包括土地和存货投资，所以要运用积累额数据需要进一步处理。因此积累额不适合在永续盘存法下估算资本存量。资本形成总额由固定资本形成总额和存货增加两部分构成，争议较大的是存货是否可以列为投资内容。Young（2003）持否定态度，主要因为存货变动在发展中国家通常是平衡产出与支出账户的残余项，存货变动往往是流动性的没有形成可再生资本，同时难以通过调整价格指数来准确估计。新增固定资产指标在永续盘存法下可以不考虑退役和折旧等问题，相对其他指标来说是较好的选择，但由于该项指标形成周期较长，伴随着价格波动影响的原因，很难精确估算实际新增固定资产投资。2000年王小鲁和樊纲采用全社会固定资产投资额数据作为投资额指标，该数据的优点是数据可获取性强，时间长度长、数据结构具体。缺点在于一方面不同时间段该指标统计口径不同，1997年以前全社会固定资产投资额统计口径是5万元以上项目，1997年之后统计口径提高到50万元以上，这就造成不同时间段数据不匹配的问题；另一方面指标中包含购买土地、旧机器和房屋的支出，由于这些支出无法增加可再生资本，因此该指标无法确切反映我国资本存量的变化。固定资本形成总额是国家统计局在全社会固定资产投资额的基础上减去土地使用权费、旧机器和购买房屋的支出，同时加入未统计的投资项目形成的指标，解决了上述全社会固定资产投资额存在的问题。因此综合以上原因，本文最终选定《中国统计年鉴（2017）》中1978—2016年固定资本形成总额作为投资序列数据。

（4）价格指数P_t。利用永续盘存法估算资本存量，需要对当年价格计算的投资额数据进行价格指数平减，剔除价格变动对投资额数据的影响。由于本文将固定资本形成总额作为投资额数据，因此用固定资产投资价格指数进行平减是最为合适的指标。首先根据《中国统计年鉴（2017）》获取固定资产投资价格指数，目前能获取1990—2016年数据，1978—1990年的数据需用其他数据代替。

一种方法是根据1990—2016年数据计算平均增长率，推断1978—1990年数据；另一种方法是，在《中国国内生产总值核算历史资料：1952—2004》中通过固定资本形成总额增速与固定资本形成总额名义增速折算得到的“隐含的固定资本形成价格平减指数”与“固定资产投资价格指数”在1990—2004年基本一致(见图2)，因此本文尽量选取以官方公布的统计数据为基础进行估算，用折算得到的“隐含的固定资本形成价格平减指数”代替1978—1990年固定资产投资价格指数，从而得到1978—2016年我国实际固定资本形成总额。

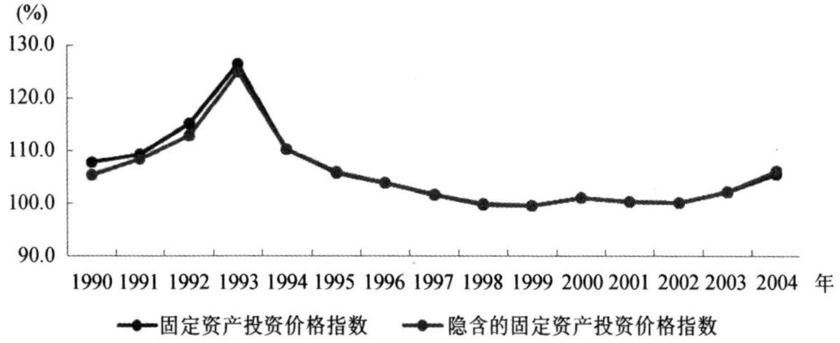

图2 固定资产投资价格指数与隐含的固定资本形成价格平减指数对比

数据来源：《中国国内生产总值核算历史资料：1952—2004》及整理计算。

3. 有效劳动投入

本文测算经济潜在增长率时，为了充分体现当前我国劳动供给新形势，对劳动人口数据进行处理，引入劳动质量这一概念，提出有效劳动投入，于是有效劳动投入就有：

$$L_t = H_t \cdot E_t \tag{19}$$

其中，有效劳动投入 = 劳动质量 × 实际就业量，而“实际就业量 = 经济活动人口 - 失业人口”，表示为：

$$E_t = N_t - U_t = N_t \cdot (1 - u_t) \tag{20}$$

H_t为劳动质量，本文以平均受教育年限代替。平均受教育年限的公式为：

$$H_t = \sum_{i=1}^{n} q_{it} h_{it} / q_t \tag{21}$$

即有

$$L_t = \left(\frac{\sum_{i=1}^{n} q_{it} h_{it}}{q_t} \right) N_t (1 - u_t) \tag{22}$$

这里L_t为有效劳动投入；H_t为劳动质量，本文以平均受教育年限代替为某一年龄以上的受教育年限；E_t为实际劳动投入；N_t为经济活动人口；u_t为自然失业率；q_{it}为 t 年受 i 层次教育人口数；h_{it}为 i 层次教育年限；q_t为该年龄人口总数；N_t（$1-u_t$）为就业人员数。

（1）平均受教育年限。平均受教育年限是指一定时期内国家或地区人口接受学历教育的年数总和的平均数。平均受教育年限是体现文化教育的综合指标，能够反映一个国家人力资本现状及发展变化。我国人口平均受教育年限越长，代表我国劳动人口智力资本越高，劳动力质量越高。按照现行学制计算人均受教育年限。小学、中学、高中、大学专科及以上，相应受教育年限分别为6年、9年、12年、16年。目前计算平均受教育年限常用的方法是加权算数平均法。对于各层次受教育程度人口数的计算，Barro 和 Lee（2000）用总入学率或净入学率计算，Wang 和 Yao（2003）认为应该采用毕业生数进行计算。宋家乐、李秀敏（2010）[①] 借鉴上述两种方法构建计算我国各层次受教育程度人口的公式，估算了我国 1952—2009 年 15 岁及以上年龄人口的平均受教育年限。本文借鉴宋家乐、李秀敏（2010）的计算方法，重新估算我国 1978—2016 年 15 岁及以上年龄人口的平均受教育年限，结果如表 4 所示。

（2）就业人员数。测算劳动投入数量国际上一般用劳动时间衡量，由于我国缺乏相应统计数据，以往研究普遍采用实际就业人员数来代替。由图 3 可以看出，1978—2016 年我国总人口数稳步提升，但经济活动人口数和就业人员数在 1990 年存在异常波动。研究发现，1990 年数据为人口普查数据的结果，从 1991 年开始统计公布的数据以 1990 年为基础。第三次人口普查显示，1982 年全国就业人员数为 5.22 亿人，比 1982 年统计公布的就业人数 4.53 亿人高 6859 万人，由此可以推测，在 1982—1989 年，统计局公布的就业人员数存在低估现象。由于劳动量投入的异常波动可能会给后文测算带来很大问题，本文以 1982 年与 1990 年人口普查数据为基础，计算年平均就业人口增长率为 1.027%，并以此折算 1978—1989 年就业人员数。

（三）模型估计和检验结果

为了保证模型的可行性和可靠性，状态空间模型各变量需满足平稳和协整检验。首先对各变量进行 ADP 平稳性检验，结果表明各变量均为一阶单整序列。D（Y）为 ln（Yt）的一阶差分序列，单位根检验中 t 统计量值 -3.492628，其

---

① 宋家乐、李秀敏："中国经济增长的源泉：人力资本投资"，《中央财经大学学报》2010 年第 12 期，第 56—61 页。

表 4 1978—2016 年中国有效劳动投入量

年份	就业人员（万人）	平均受教育年限（年）	有效劳动投入（年·万人）	年份	就业人员（万人）	平均受教育年限（年）	有效劳动投入（年·万人）
1978	46807	5.90	276369.53	1998	70637	7.44	525849.50
1979	48090	5.96	286625.87	1999	71394	7.51	536452.06
1980	49408	6.16	304221.55	2000	72085	7.60	547495.30
1981	50763	6.30	319623.32	2001	72797	7.66	557967.80
1982	52154	6.41	334431.32	2002	73280	7.73	566768.22
1983	53583	6.48	347325.61	2003	73736	7.91	583319.82
1984	55052	6.53	359398.76	2004	74264	8.01	594828.90
1985	56561	6.59	372528.66	2005	74647	7.83	584546.79
1986	58111	6.64	386108.32	2006	74978	8.04	602827.60
1987	59704	6.69	399460.21	2007	75321	8.19	616577.44
1988	61340	6.75	413965.25	2008	75564	8.27	624904.71
1989	63022	6.82	429696.09	2009	75828	8.38	635411.98
1990	64749	6.89	445978.27	2010	76105	8.48	645452.02
1991	65491	6.96	455645.48	2011	76420	8.85	675986.20
1992	66152	7.02	464079.67	2012	76704	8.94	685916.46
1993	66808	7.08	473329.83	2013	76977	9.05	696463.32
1994	67455	7.15	482606.87	2014	77253	9.04	698121.76
1995	68065	7.24	492495.91	2015	77451	9.13	706931.51
1996	68950	7.31	503696.59	2016	77603	9.13	708602.63
1997	69820	7.36	514100.19				

数据来源：《中国统计年鉴（2017）》，根据国家统计局网站数据及整理计算。

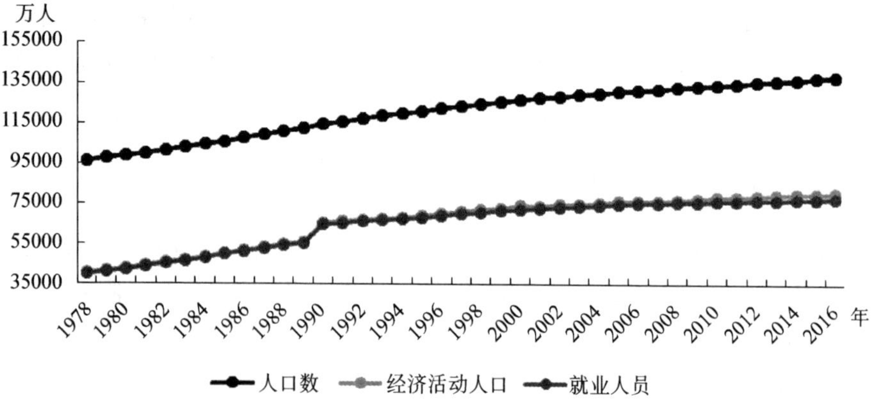

图 3 1978—2016 人口数、经济活动人口数与就业人员数变动情况

置信区间5%—10%的临界值为 -3.54849 和 -3.207094，t统计量值伴随概率P值为0.0563，拒绝原假设；D（KT）为ln（Kt）的一阶差分序列，单位根检验中t统计量值 -3.477426，其置信区间5%—10%的临界值为 -3.540328和 -3.202445，t统计量值伴随概率P值为0.0572，拒绝原假设；D（LT）为ln（Lt）的一阶差分序列，单位根检验中t统计量值 -5.535866，其置信区间1%的临界值为 -4.226815，t统计量值伴随概率P值为0.0003，拒绝原假设；上述变量均为一阶单整序列，通过平稳性检验（见表5）。

表5　　变量ADP平稳性检验结果

变量	t - Statistic	Prob. *
D（Y）	-3.492628	0.0563
D（KT）	-3.477426	0.0572
D（LT）	-5.535866	0.0003

为了检验模型中变量间是否存在伪回归现象，用协整检验（Engle - Granger）判断多个变量间协整关系。结果显示（见表6），模型拒绝原假设，本文模型不存在伪回归现象。

表6　　多变量Engle - Granger协整检验结果

Dependent	tau - statistic	Prob. *	z - statistic	Prob. *
Y	-3.548408	0.1144	-27.20786	0.0099
KT	-3.072791	0.2484	-24.31820	0.0242
LT	-4.052434	0.0430	-24.47780	0.0231

最后通过公式4、公式5、公式6构成的状态空间模型估计得到可变参数估计结果如表7所示，可变参数均方差很小，统计检验结果显著。

表7　　状态空间模型可变参数统计结果检验

	Final State	Root MSE	z - Statistic	Prob.
γ_t	0.013847	6.3E - 105	2.2E + 102	0.0000
α_t	0.517936	0.009814	52.77656	0.0000

最后测量方程残差的ADF单位根检验结果显示（见表8），单位根检验中t统计量值为 -5.870240，其置信区间1%的临界值为 -4.234972，t统计量值伴随概率P值为0.0001，模型残差平稳，模型效果显著，估计结果有效。资本产出弹性 α_t 均值约为0.5683，从改革开放初期的0.639下降到2016年的

0.517。伴随着经济结构的不断优化，劳动收入所占份额逐渐提高，要素收入所占份额逐渐降低。在替代性方面来看，需要投入更多的要素才能代替劳动在生产中的作用，这与近些年我国劳动力成本上升情况相符（见表9）。

表8　量测方程残差的ADF单位根检验结果

		t - Statistic	Prob. *
Augmented Dickey - Fuller test statistic		-5.870240	0.0001
Test critical values:	1% level	-4.234972	
	5% level	-3.540328	
	10% level	-3.202445	

量测方程：

$$y_t = -2.0575743099 + r_t \times t + \alpha_t \times k_t + (1 - \alpha_t) \times l_t + \xi_t \tag{23}$$

状态方程：

$$r_t = 0.78459501405 \times r_{t-1} + 0.00298271993267 + \eta_t \tag{24}$$

$$\alpha_t = 0.986191951729 \times \alpha_{t-1} + 0.00795351112013 + \mu_t \tag{25}$$

表9　状态空间模型可变参数估计结果

年份	r_t	α_t	年份	r_t	α_t	年份	r_t	α_t
1978	-	-	1991	0.014925	0.61843	2004	0.016053	0.552369
1979	-0.17709	0.641356	1992	0.01697	0.598052	2005	0.015416	0.532822
1980	0.003667	0.645666	1993	0.021577	0.58255	2006	0.016703	0.517143
1981	0.00074	0.6539	1994	0.024079	0.569601	2007	0.017264	0.489158
1982	-0.00469	0.652186	1995	0.025332	0.563023	2008	0.018678	0.481974
1983	0.001322	0.644837	1996	0.024789	0.559448	2009	0.017465	0.483539
1984	0.008854	0.628391	1997	0.023673	0.556337	2010	0.015293	0.474331
1985	0.01919	0.618856	1998	0.022634	0.559713	2011	0.014478	0.48506
1986	0.022614	0.620931	1999	0.020517	0.561557	2012	0.013043	0.493662
1987	0.019751	0.614635	2000	0.019034	0.5599	2013	0.011659	0.503128
1988	0.020914	0.609789	2001	0.018289	0.559459	2014	0.010725	0.505472
1989	0.021222	0.619582	2002	0.017369	0.556228	2015	0.010416	0.515504
1990	0.01738	0.627519	2003	0.016838	0.555116	2016	0.010029	0.517123

（四）实证分析与结果

对于1978—2016年我国潜在经济增长率的测算，首先，需要确定各期投入要素的潜在水平，然后按照生产函数状态空间模型形式带入各要素潜在水平，得到1978—2016年经济潜在增长率。全要素生产率的潜在水平可以利用生产函数公式和参数估计结果带入，得到各年份全要素生产率水平，然后利用HP滤波法得到全要素生产率潜在水平，其中平滑参数 λ 参照郭庆旺、贾俊雪（2004）的做法，取值为25。其次，有效劳动投入潜在水平，分别对实际就业量和劳动质量进行HP滤波，再分别将所得到的趋势序列相乘，从而得到有效劳动投入的潜在水平，其中实际就业量序列为调整后的就业人员数。以往的研究认为，潜在经济增长中资本总是能达到有效利用状态，因此资本存量的实际水平即视为潜在水平。最后将潜在全要素生产率、潜在有效劳动投入和物质资本存量数据代入公式1得到各期潜在经济增加值，进而得到1978—2016年经济潜在增长率。表10给出了各投入要素潜在水平和经济潜在增长率估计结果。

对于2017—2035年未来中长期我国经济潜在增长率的测算，多数学者采用提前假定各项投入要素未来期限增长水平，根据生产函数估计得到的参数值，直接预测未来中长期经济潜在增长率，考虑到这种方法对要素投入增长率的预期假定过于主观，因此本文利用生产函数测算的1978—2016年我国经济潜在增长率序列，通过二次指数平滑法，无需主观设置参数，利用时间序列趋势得到2017—2035年我国经济潜在增长率的预测。预测结果如图4所示。

表10　　1978—2016年生产函数法估计我国经济潜在增长率估计结果

年份	实际GDP（亿元）	潜在产出（亿元）	潜在TFP	资本存量（亿元）	潜在就业人数（万人）	潜在劳动力质量（年）	实际经济增长率（%）	经济潜在增长率（%）
1978	3678.7	3683.3	0.129	7854.0	46599.2	5.96	11.7	—
1979	3958.3	3979.5	0.131	8551.6	48059.3	6.06	7.6	8.04
1980	4267.3	4269.6	0.133	9316.9	49521.5	6.15	7.8	7.29
1981	4488.0	4482.6	0.135	10029.5	50988.1	6.24	5.1	4.99
1982	4889.0	4878.7	0.137	10829.5	52460.4	6.33	9	8.83
1983	5418.7	5412.8	0.139	11709.4	53937.5	6.42	10.8	10.95
1984	6239.1	6243.4	0.141	12855.6	55415.2	6.49	15.2	15.34
1985	7077.8	7086.8	0.143	14322.0	56885.9	6.57	13.4	13.51
1986	7710.6	7720.2	0.145	15901.9	58338.5	6.64	8.9	8.94
1987	8611.8	8622.8	0.147	17632.8	59758.3	6.71	11.7	11.69
1988	9579.3	9579.1	0.149	19570.8	61128.7	6.77	11.2	11.09
1989	9980.3	9954.4	0.151	20972.5	62432.3	6.84	4.2	3.92

续表

年份	实际 GDP（亿元）	潜在产出（亿元）	潜在 TFP	资本存量（亿元）	潜在就业人数（万人）	潜在劳动力质量（年）	实际经济增长率（%）	经济潜在增长率（%）
1990	10370.3	10311.1	0.153	22161.4	63654.0	6.90	3.9	3.58
1991	11334.1	11290.9	0.155	23625.1	64784.4	6.96	9.3	9.50
1992	12945.3	12928.7	0.157	25745.1	65825.2	7.03	14.2	14.50
1993	14740.6	14745.4	0.159	28683.3	66785.0	7.09	13.9	14.05
1994	16664.5	16692.6	0.162	32103.9	67676.0	7.16	13	13.21
1995	18489.1	18531.7	0.164	35928.1	68510.3	7.23	11	11.02
1996	20324.8	20357.6	0.166	40106.2	69297.8	7.30	9.9	9.85
1997	22201.0	22235.3	0.169	44473.5	70044.2	7.37	9.2	9.22
1998	23941.0	23947.6	0.171	49499.1	70751.6	7.44	7.8	7.70
1999	25776.7	25775.8	0.173	54654.3	71419.7	7.51	7.7	7.63
2000	27965.5	27945.3	0.176	60285.2	72047.2	7.59	8.5	8.42
2001	30297.8	30268.5	0.178	66743.5	72632.6	7.67	8.3	8.31
2002	33064.2	33066.7	0.181	74308.6	73174.7	7.75	9.1	9.24
2003	36382.3	36206.2	0.183	83798.8	73674.0	7.83	10	9.49
2004	40061.0	39828.4	0.186	94845.1	74131.8	7.92	10.1	10.00
2005	44626.3	45082.2	0.188	107418.4	74550.4	8.01	11.4	13.19
2006	50302.5	50508.2	0.191	121676.5	74933.3	8.11	12.7	12.04
2007	57461.3	57566.7	0.194	138374.9	75284.7	8.22	14.2	13.97
2008	63008.8	63271.5	0.196	156924.5	75609.6	8.33	9.7	9.91
2009	68931.5	69264.0	0.199	181197.1	75913.2	8.45	9.4	9.47
2010	76263.1	76727.5	0.202	208878.5	76200.2	8.57	10.6	10.78
2011	83535.9	82806.4	0.205	239098.8	76474.6	8.69	9.5	7.92
2012	90098.7	89434.9	0.207	271830.6	76739.4	8.81	7.9	8.00
2013	97088.3	96432.3	0.210	307508.9	76996.9	8.92	7.8	7.82
2014	104173.4	104140.8	0.213	344440.2	77249.2	9.03	7.3	7.99
2015	111361.6	111441.8	0.216	382397.1	77498.2	9.14	6.9	7.01
2016	118811.0	119568.4	0.219	421835.8	77745.8	9.25	6.7	7.29

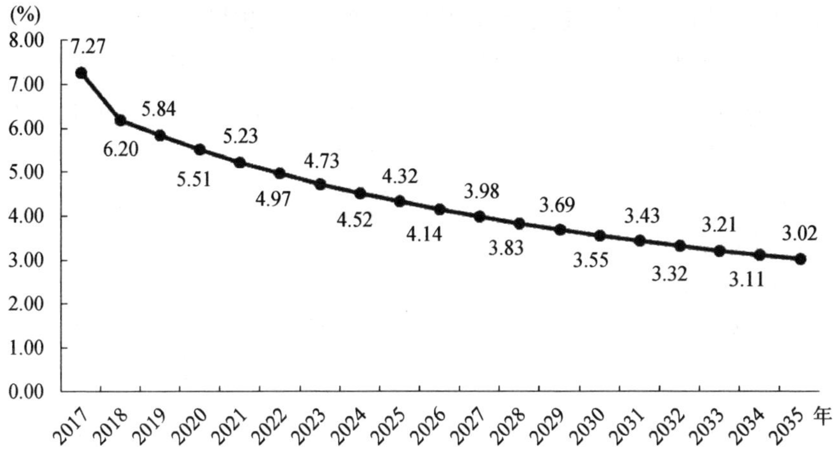

图 4　2017—2035 年生产函数法预测我国经济潜在增长率

四、基于综合测算法测算我国经济潜在增长率

基于综合测算法测算我国经济潜在增长率，一方面可以从统计趋势方法出发，探究变量间相互影响的重要程度；另一方面可结合经济结构关系，弥补统计趋势方法的不足。两者相结合的综合测算方法能够更加科学地测算经济潜在增长率的结果。同时，在前文用生产函数法探究我国内部投入要素测算经济潜在增长率的基础上，以下我们从经济全球化的角度出发，结合新时代我国在经济全球化中影响力逐步增强的现实背景，研究国际市场对我国经济潜在增长率的影响。

我们选取向量自回归模型，从奥肯定律与菲利普斯曲线经济理论出发，加入国际市场因素探究其对我国潜在产出和产出缺口的影响冲击，从国际市场波动的汇率、国际贸易与国际资本三个渠道分析对国内经济的影响，分别引入汇率、净出口额、外汇储备及通货膨胀率指标，测算在国际经济因素的冲击下我国经济潜在增长率。

（一）向量自回归模型

1980 年西姆斯（C. A. Sims）提出了向量自回归模型（Vector Autoregression，以下简称 VAR 模型）。向量自回归模型是当今世界上主流模型，它的提出有效推动了经济系统动态分析的应用。向量自回归模型的基本形式是以变量滞后期为基础构造函数内生变量，同时将单变量模型扩展到多变量模型，由多变量多期滞后值形成向量形式。向量自回归模型主要将时间序列数据分解成各变量波动冲击和随机波动冲击，同时能够识别冲击对因变量产生的影响大小、正负和持续时间。应用 VAR 模型估算经济潜在产出的优点在于有明确的理论基础，不需要对变量做过多的假定，同时能够避免像用 HP 滤波法处理数据出现的尾部不准确问题。

向量自回归模型的基本结构中，考虑一组变量$y_{1t},y_{2t},y_{3t},\cdots,y_{nt}$，每一个向量都是时间序列的变量，将这些变量定义在 N 维的向量Y_t上，有：

$$y_t=\begin{bmatrix} y_{1t} \\ \vdots \\ y_{nt} \end{bmatrix},\ t=1,\ 2,\ \cdots,\ T \tag{26}$$

滞后 P 阶的自回归模型的数学表达式可以表示为：

$$y_t=A_1y_{t-1}+\cdots+A_py_{t-p}+C\,X_t+\varepsilon_t \tag{27}$$

向量自回归模型是由单变量自回归模型推广到多变量组成的“向量”自回归模型。

$$\begin{bmatrix} y_{1t} \\ \vdots \\ y_{nt} \end{bmatrix}=A_1\begin{bmatrix} y_{1t-1} \\ \vdots \\ y_{nt-1} \end{bmatrix}+A_2\begin{bmatrix} y_{1t-2} \\ \vdots \\ y_{nt-2} \end{bmatrix}+\cdots+A_p\begin{bmatrix} y_{1t-p} \\ \vdots \\ y_{nt-p} \end{bmatrix}+C\begin{bmatrix} X_{1t} \\ \vdots \\ X_{nt} \end{bmatrix}+\begin{bmatrix} \varepsilon_{1t} \\ \vdots \\ \varepsilon_{nt} \end{bmatrix} \tag{28}$$

公式 28 为向量自回归模型的矩阵形式。其中，Y_t是内生变量；X_t是外生变量；p 为是滞后阶数；样本个数为 T。矩阵A_1，…，A_P和矩阵 C 是待估计的系数矩阵。ε_t为维扰动向量。那么含有 N 个时间序列变量的 VAR（p）模型由 N 个方程组成。例如对于 4 变量滞后阶数为 3 的模型，参数估计的基本形式如下：

$$Y_t=C(1,1)\cdot Y_t(-1)+C(1,2)\cdot Y_t(-2)+C(1,3)\cdot Y_t(-3)+C(1,4)\cdot A_1(-1)+C(1,5)\cdot A_1(-2)+C(1,6)\cdot A_1(-3)+C(1,7)\cdot A_2(-1)+C(1,8)\cdot A_2(-2)+C(1,9)\cdot A_2(-3)+C(1,10)\cdot A_3(-1)+C(1,11)\cdot A_3(-2)+C(1,12)\cdot A_3(-3)+C(1,13) \tag{29}$$

（二）指标选取

菲利普斯曲线由新西兰经济学家威廉·菲利普斯于 1958 年在《1861—1957 年英国失业和货币工资变动率之间的关系》一文中最先提出，它是描述失业与通货膨胀之间交替关系的曲线，也称之为“失业—工资”菲利普斯曲线：

$$\omega_t = \alpha_0 + \beta\mu_t + \varepsilon_t \tag{30}$$

1960年萨缪尔森和索洛在研究美国经济大萧条的数据时发现价格变动主要受货币工资变动的影响，通过假定物价的变动只与货币工资的变动有关，以物价上涨率代替了原菲利普斯曲线中的货币工资变化率，得到“失业—价格”菲利普斯曲线：

$$\pi_t = \alpha_0 + \beta\mu_t + \varepsilon_t \tag{31}$$

西方国家20世纪70年代出现经济发展停滞与通货膨胀现象，传统菲利普斯曲线无法解决这一问题，各国社会政策体系遭遇严重的财政困难。弗里德曼等人为了解释这个宏观经济现象，对传统菲利普斯曲线加以修订。通过奥肯定律以经济增长率代替“失业—价格”菲利普斯曲线中的失业率。这一代替使得经济增长率与物价上涨率之间呈现出同向的对应变动关系。这一关系中，采用产出缺口y_t^c（经济实际增长率对经济潜在增长率的偏离）来代替经济增长率指标。这里的经济潜在增长率指在各种资源正常地充分利用时所能实现的经济增长率，经济实际增长率围绕其上下波动形成产出缺口，可以表示为：

$$\pi_t = \pi^e + \beta y_t^c + \varepsilon_t \tag{32}$$

其中，π^e表示通货膨胀，由于通货膨胀可能受上一期的影响，我们可以得到实际产出、潜在产出、产出缺口与通货膨胀间的相互联系：

$$\mathrm{Ln}Y_t = \mathrm{Ln}Y_t^T + y_t^c \tag{33}$$

$$\pi_t = \pi^e + \beta_3 y_t^c + \varepsilon_t^{\pi} \tag{34}$$

其中，$\mathrm{Ln}Y_t$为实际产出；π_t为通货膨胀率用；$\mathrm{Ln}Y_t^T$为潜在产出的对数值；y_t^c为产出缺口比例；π^e为预期通货膨胀率；$\beta_3 y_t^c$为产出缺口比例对通货膨胀率的影响；ε_t^{π}为随机扰动项。

在经济全球化和开放背景下，国际经济因素大致分为国际贸易渠道、国际资本渠道和汇率传递渠道三个方面，分别通过价格、货币供给和总供给与总需求三条路径影响一国的通货膨胀①。

从国际贸易出发，国际通货膨胀水平可以经上述三种路径通过国际贸易传递至本国。价格路径这种影响可以是直接的，即进口商品价格→居民消费价格；也可以是间接的，即进口中间商品→生产要素价格→生产价格指数→居民

① 张慧莲、付韶军：“国际经济因素对中国消费价格指数的影响”，《武汉金融》2016年第8期，第32—35页。

消费价格。从货币供给路径看，国际贸易通过进出口差额→外汇储备→外汇占款→货币供给量→国内物价水平影响通货膨胀。从总供给与总需求路径是指在国内供给量和需求量不变的情况下，通过进出口贸易→国内总供给和总需求→国内物价水平来影响通货膨胀。本文选取进出口差额指标来表现国际贸易对通货膨胀的影响。

从国际资本渠道出发，在全球化经济运行中资本流入会通过货币供给路径影响通货膨胀，即国际资本净流入→国际储备增加→外汇占款增加→本国货币供应量增加→物价上涨。本文选取外汇储备指标表现国际资本对通货膨胀的影响。

从汇率传递渠道出发，汇率传递也可以分别通过价格和货币供给路径影响通货膨胀，从价格路径本币升值→进口品价格下跌→居民消费价格下降；货币供给路径：本币升值→贸易顺差减少→货币供应减少→居民消费价格下跌。本文选取人民币比美元的汇率指标来表现汇率对通货膨胀的影响。

综合上述菲利普斯曲线与国际市场因素对我国经济的影响，本文选取进出口差额、汇率与外汇储备指标引入向量自回归模型，从开放角度测算我国经济潜在增长率（见表11）。

表11　　1978—2016年国际影响因素指标数值汇总

年份	美元兑人民币平均汇率 ERX（人民币/美元）	进出口差额 NEX（亿元人民币）	居民消费价格指数 CPI	外汇储备 FER（亿元人民币）
1978	1.68	-19.80	100	2.81
1979	1.55	-30.62	101.9	12.82
1980	1.50	-25.21	109.5	-17.73
1981	1.71	-0.09	112.2	41.15
1982	1.89	49.21	114.4	115.57
1983	1.98	14.14	116.7	150.69
1984	2.33	-33.36	119.9	159.53
1985	2.94	-342.61	131.05	59.25
1986	3.45	-298.20	139.57	51.26
1987	3.72	-96.29	149.76	72.65
1988	3.72	-162.10	177.91	70.55
1989	3.77	-116.13	209.94	99.53
1990	4.78	190.15	216.44	245.15

续表

年份	美元兑人民币平均汇率 ERX（人民币/美元）	进出口差额 NEX（亿元人民币）	居民消费价格指数 CPI	外汇储备 FER（亿元人民币）
1991	5.32	191.44	223.8	516.44
1992	5.51	97.83	238.13	450.26
1993	5.76	-256.80	273.13	447.21
1994	8.62	136.23	338.96	1312.54
1995	8.35	353.64	396.92	1548.39
1996	8.31	237.05	429.86	2031.43
1997	8.29	759.02	441.9	2624.26
1998	8.28	820.65	438.36	2737.77
1999	8.28	560.65	432.23	2962.42
2000	8.28	459.88	433.95	3158.63
2001	8.28	426.84	436.99	4018.60
2002	8.28	580.76	433.5	5468.49
2003	8.28	476.94	438.7	7608.18
2004	8.28	585.24	455.81	11075.42
2005	8.19	1804.79	464.01	14456.49
2006	7.97	3019.33	471	18048.16
2007	7.60	4118.76	493.6	23542.96
2008	6.95	3992.43	522.7	25856.85
2009	6.83	2584.07	519	31577.28
2010	6.77	2298.70	536.1	35954.21
2011	6.46	1783.92	565	36365.31
2012	6.31	2511.35	579.7	36060.73
2013	6.19	2705.78	594.8	39788.45
2014	6.14	3877.65	606.7	38910.32
2015	6.23	5986.79	615.2	33717.21
2016	6.64	5331.02	627.5	31867.34

数据来源：中经网数据库及整理计算，NEX 为名义进出口差额除以定基居民消费价格指数（1978 年 = 100）平减得到实际进出口差额，FER 为外汇储备，通过汇率将美元换算人民币为单位，然后除以定基居民消费价格指数得到不变价外汇储备。

（三）模型估计和检验结果

1. 平稳性检验

向量自回归模型利用实际 GDP、通货膨胀率、进出口差额、汇率与外汇储备指标 1978—2016 年度数据，模型中各项指标数据为以 1978 年为基期剔除价格波动后的实际值，软件为 EViews9.0。首先对各项指标进行平稳性检验，结果如表 12 所示。

表 12　　各变量 ADF 检验结果

变量	ADF 统计量	临界值	P 值	结论
LnY	-3.926894	-3.54428	0.0213	平稳
LnCPI	-3.306755	-2.94584	0.0219	平稳
ΔLnERX	-5.433288	-3.5366	0.0004	平稳
ΔLnFER	-4.501066	-3.54033	0.0051	平稳
ΔLnNERX	-5.577838	-3.5366	0.0003	平稳

为了保证变量的平稳性对各项指标取对数，其中进出口差额、汇率与外汇储备为对数一阶差分后平稳序列。利用 LnY、LnCPI、ΔLnERX、ΔLnFER 与 ΔLnNERX 建立 VAR 模型。

2. 建立模型确定滞后阶数

对于模型滞后阶数的确定我们可以利用两种方法来判断，一种方法是观察每项滞后阶数 AIC 指标数值，AIC 即 Akaike Information Criterion 是由日本统计学家赤池弘次创立和发展的，又称赤池信息量准则，它建立在熵的概念基础上，当某期滞后阶数对应的 AIC 指标值最小时，可以确定当期为最优滞后阶数。另一种方法是观察滞后阶数的所有检验指标，“*”出现表示该滞后期对应的检验参数结果 5% 水平下显著，此时可以观察滞后期为多少时，“*”出现频数最多，检验结果如表 13 所示。

表 13　　VAR 模型四变量滞后阶数检验表

Lag	LogL	LR	FPE	AIC	SC	HQ
0	-1.690864	NA	6.25e-08	0.439478	0.706109	0.531519
1	200.6862	323.8033	4.80e-12	-9.067784	-7.201366	-8.423497
2	276.2632	95.01113	6.05e-13	-11.32933	-7.863124*	-10.13280
3	335.2946	53.97151*	2.84e-13*	-12.64541*	-7.579414	-10.89663*

表 14 中滞后期为 3 阶时，AIC 值最小。同时 3 阶滞后期对应的“＊”号最多作为 VAR 模型的最优滞后阶数，因此确定 VAR 模型滞后期为 3 阶。

考虑到 VAR 模型中某些变量的滞后值对被解释变量没有显著性影响，需要验证解释变量间是否存在外生性问题，这里采用格兰杰因果检验，结果如表 14 所示。

表 14　　　　VAR 模型四变量格兰杰因果检验表

Excluded	Chi - sq	df	Prob.
LNCPI	17. 94595	3	0. 0005
DLNERX	7. 259155	3	0. 0641
DLNFER	12. 15682	3	0. 0069
DLNNEX	0. 425649	3	0. 9349
All	26. 39965	12	0. 0094

检验结果表明，进出口差额 3 期滞后数据为外生性变量，对实际产出解释效果不显著，因此决定在模型中剔除进出口差额指标，讨论通货膨胀、汇率与外汇储备三个变量对经济潜在产出的影响。重复上述步骤分别对三变量 VAR 模型进行滞后阶数确定与格兰杰因果检验，结果如表 15、表 16 所示。

表 15　　　　VAR 模型三变量滞后阶数检验表

Lag	LogL	LR	FPE	AIC	SC	HQ
0	- 5. 598551	NA	2. 07e - 05	0. 564621	0. 744192	0. 625860
1	172. 3416	303. 5449	1. 52e - 09	- 8. 961269	- 8. 063410	- 8. 655073
2	224. 6116	76. 86768	1. 88e - 10	- 11. 09480	- 9. 478653	- 10. 54365
3	265. 0212	49. 916 *	5. 00e - 11 *	- 12. 53066 *	- 10. 19623 *	- 11. 73455 *
4	277. 7233	12. 70213	7. 65e - 11	- 12. 33667	- 9. 283946	- 11. 29560

表 16　　　　VAR 模型三变量格兰杰因果检验表

Excluded	Chi - sq	df	Prob.
LNCPI	21. 74855	3	0. 0001
DLNFER	14. 23635	3	0. 0026
DLNERX	9. 513933	3	0. 0232
All	29. 41616	9	0. 0006

最终得到 VAR 模型估计结果：

LNY = 1. 34633990703 ＊ LNY（ - 1）+ 0. 169352252287 ＊ LNY（ - 2）-

0.500591863285 * LNY(-3) - 0.366520442078 * LNCPI(-1) + 0.304127862284 * LNCPI(-2) + 0.044484469845 * LNCPI(-3) + 0.0380690054829 * DLNFER(-1) + 0.0143692771336 * DLNFER(-2) + 0.00942486447515 * DLNFER(-3) + 0.076878237343 * DLNERX(-1) + 0.103839942523 * DLNERX(-2) + 0.0758956787431 * DLNERX(-3) - 0.0366645159103　(35)

3. 模型平稳性检验

得到模型估计结果后，为了判断模型是否稳定，需要对模型进行稳定性检验，结果如表17所示。

表17　VAR单位根检验表

Root	Modulus
0.982853	0.982853
0.860441 - 0.144978i	0.872570
0.860441 + 0.144978i	0.872570
0.053372 - 0.854773i	0.856437
0.053372 + 0.854773i	0.856437
0.544041 - 0.442135i	0.701045
0.544041 + 0.442135i	0.701045
-0.364167 - 0.544032i	0.654666
-0.364167 + 0.544032i	0.654666
-0.644811	0.644811
0.608313	0.608313
0.075925	0.075925

结果表明，特征根均小于1，落在单位圆外，模型结果稳定。

（四）实证分析与结果

得到模型估计结果后，为了观察各变量变动对经济潜在产出产生的影响，对模型进行脉冲响应分析，观察变量波动对产出的冲击，结果如图5所示。

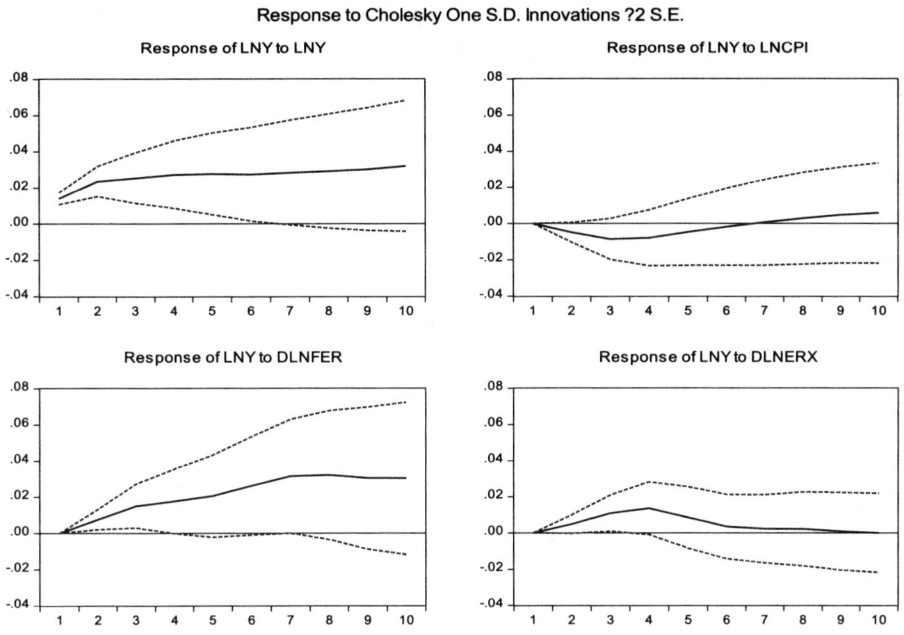

图 5　脉冲响应分析

从图 5 中可以看出，产出本身对自身一个标准差的冲击使潜在产出第一年增加 1.396%，第二年开始增加到 2.35%，三年之后开始平稳，到第十年基本稳定在 2.5% 左右。一个标准差通货膨胀对潜在产出的冲击，开始为负，到第三年达到峰值为 -0.85%，之后逐渐平缓，到第七年冲击为 0，之后转为正向但影响极小。外汇储备一个标准差的波动对潜在产出的影响从第二年增加到 0.76 开始到第八年为止缓慢上升到 3.2%，是一个长期影响。一个标准差的汇率波动在第三期达到峰值 1.09%，到第七年逐年下降直至为 0。因此，经济产出和外汇储备对经济潜在产出来说是个长期影响因素，通货膨胀与汇率波动对经济潜在产出有短期影响。

方差分解有助于观察各变量对经济潜在产出的解释能力，如图 6 所示各变量从第二年对潜在经济产出的解释能力开始显现，经济产出自身的解释能力逐渐减小，到第六年解释能力已经下降到 60% 以下，而外汇储备作为对经济的长期影响，其解释能力逐年增强，到第七年基本保持在 34% 左右，通货膨胀和汇率对潜在经济的解释能力均在第四年达到峰值，分别有 5% 和 10% 的解释能力（见表 18、图 7）。

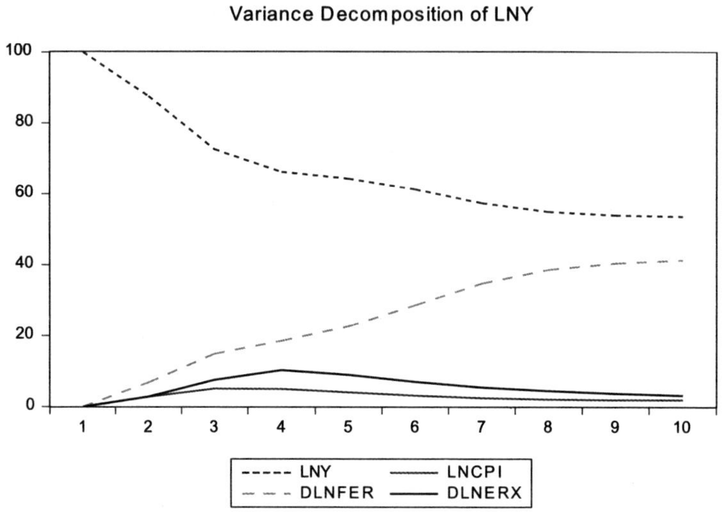

图 6 方差分解

表 18　　1978—2016 年 VAR 模型经济潜在增长率估计结果

年份	实际 GDP（亿元）	实际增长率（%）	潜在产出（亿元）	潜在增长率（%）	年份	实际 GDP（亿元）	实际增长率（%）	潜在产出（亿元）	潜在增长率（%）
1978	3678.7	11.7	3678.7	——	1998	23941	7.8	24196.66	9.91
1979	3958.3	7.6	3958.3	7.60	1999	25776.7	7.7	26591.85	9.90
1980	4267.3	7.8	4267.3	7.81	2000	27965.5	8.5	29273.85	10.09
1981	4488	5.1	4488	5.17	2001	30297.8	8.3	32212.83	10.04
1982	4889	9	4889.56	8.95	2002	33064.2	9.1	35364.37	9.78
1983	5418.7	10.8	5595.97	14.45	2003	36382.3	10	38771.47	9.63
1984	6239.1	15.2	6448.37	15.23	2004	40061	10.1	42499.6	9.62
1985	7077.8	13.4	7217.15	11.92	2005	44626.3	11.4	46540.12	9.51
1986	7710.6	8.9	7891.65	9.35	2006	50302.5	12.7	50854.81	9.27
1987	8611.8	11.7	8623.45	9.27	2007	57461.3	14.2	55469.02	9.07
1988	9579.3	11.2	9495.08	10.11	2008	63008.8	9.7	60439.01	8.96
1989	9980.3	4.2	10393.68	9.46	2009	68931.5	9.4	65770.72	8.82

续表

年份	实际 GDP（亿元）	实际增长率（%）	潜在产出（亿元）	潜在增长率（%）	年份	实际 GDP（亿元）	实际增长率（%）	潜在产出（亿元）	潜在增长率（%）
1990	10370.3	3.9	11304.87	8.77	2010	76263.1	10.6	71435.48	8.61
1991	11334.1	9.3	12374.14	9.46	2011	83535.9	9.5	77447.07	8.42
1992	12945.3	14.2	13654.23	10.34	2012	90098.7	7.9	83851.28	8.27
1993	14740.6	13.9	15042.8	10.17	2013	97088.3	7.8	90665.3	8.13
1994	16664.5	13	16498.42	9.68	2014	104173.4	7.3	97871.43	7.95
1995	18489.1	11	18118.2	9.82	2015	111361.6	6.9	105477.2	7.77
1996	20324.8	9.9	19973.99	10.24	2016	118811	6.7	113522.9	7.63
1997	22201	9.2	22014.2	10.21					

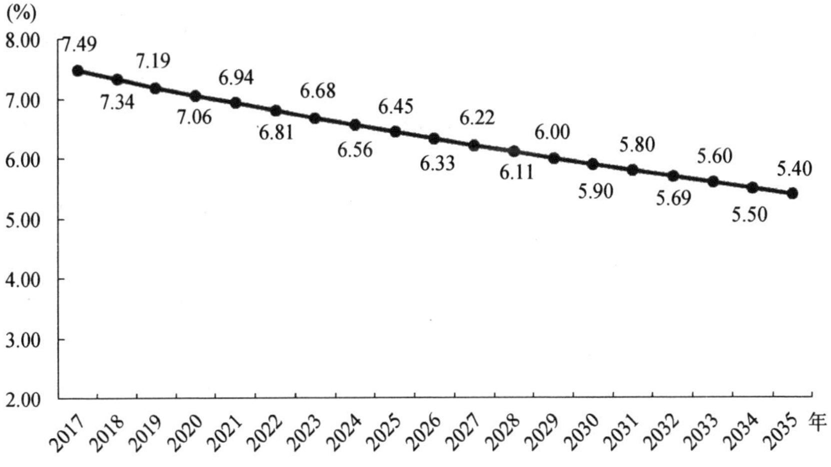

图 7　向量自回归模型预测我国 2017—2035 年经济潜在增长率

五、新时代我国经济中长期潜在增长率测算比较分析

本部分在前文研究的基础上，对比生产函数模型和向量自回归模型得到的潜在增长率的测算结果，从两个角度出发进行预测结果的比较分析：一是对比 1978—2016 年经济潜在增长率的预测结果，分析经济的潜在增长率对经济周期转折点和实际增长率的拟合情况；二是对比未来中长期潜在增长率预测结

果，即到2035年我国基本实现社会主义现代化这一时期，设定我国新时代经济潜在增长率的上限与下限，为未来经济运行态势的把握提供参考。

（一）1978—2016年经济潜在增长率的测算比较

对于1978—2016年生产函数法测算的经济潜在增长率在经济周期转折点和实际经济增长率拟合情况来看明显优于向量自回归模型测算的经济潜在增长率。生产函数预测潜在增长率与实际增长率拟合效果良好，实际增长率围绕潜在增长率轻微波动。从经济周期看转折点的谷值潜在增长率略低于实际增长率，而经济周期转折点的峰值潜在增长率要略高于实际增长率，潜在增长率在经济周期中的震动幅度比实际增长率大。也就是说，经济上行时，潜在增长率大于实际增长率；经济下行时，潜在增长率低于实际增长率。同时，在2008—2016年可以看到实际增长率趋势与潜在增长率相比有滞后趋势。

向量自回归模型预测的经济潜在增长率在1979—1986年能够很好地拟合实际增长率，在此期间国际市场对我国经济发展的影响很小。但在1986—1997年，潜在增长率有经济周期的变动趋势，但与实际增长率变化相比幅度平缓，这个阶段主要是逐步打开国门，通过对外贸易调整国内市场余缺，引进国外投资弥补国内资金短缺，国际市场因素能够对国内潜在增长率的变化产生影响，但由于开放程度有限，潜在增长率变化幅度有限，实际增长率在此期间围绕潜在增长率剧烈波动。1984年，我国出现经济过热现象，与1983年相比，经济增长率迅速增加。1985年，政府加大宏观调控力度，经济过热现象有所缓解，而1986年经济增长出现下滑，经济增长率仅为1984年的60%。1987年，政府对通货膨胀态度发生动摇，实行宽松货币政策。1988年，物价迅速上涨。1989年，我国经济出现“硬着陆”。1991—1997年，经济增长率开始回升。1997—2001年国际市场受东南亚金融危机的影响，测算的我国潜在增长率持续缓慢下滑。1997年开始的东南亚金融危机对我国的负面影响较大，主要包括两个方面：一是中国香港特区的联系汇率机制直接造成对国内出口贸易的冲击；二是外商直接投资流入出现了较大幅度下滑，致使我国实际经济增长率增速下滑幅度更大。2002—2010年国际市场因素测算的我国潜在增长率明显低于我国实际增长率，是因为2001年美国的IT泡沫危机和2008年次贷危机在美联储的扩张经济政策下，对美国经济和全球经济的冲击较大，但对中国经济的影响相对较小，导致实际增长率高于潜在增长率。2011—2016年，国际经济日渐恢复，潜在增长率高于我国实际经济增长率（见图8）。

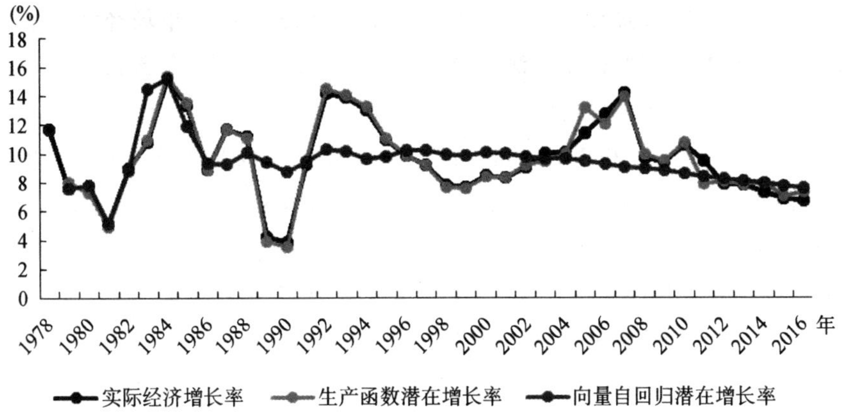

图 8　1978—2016 年经济潜在增长率预测结果与实际增长率对比

（二）新时代我国经济中长期未来潜在增长率的预测比较

2035 年是我国基本实现社会主义现代化的重要关口，这一时期我国经济从追求高速增长转向高质量发展阶段，能够保持怎样的增长速度，直接影响到新时代我国经济发展的战略目标。

从国内供给角度出发，生产函数模型预测中长期我国经济潜在增长率 2020 年为 5.51%，2025 年为 4.32%，2030 年为 3.55%，2035 年为 3.02%。通过 1978—2016 年拟合实际增长率的情况分析，潜在增长率在经济上行时期高于实际增长率，而在经济下行时，潜在增长率要略低于实际增长率。我国正在从经济高速增长阶段转向高质量发展阶段，经济增长率下行趋势明显，因此本文参考对 1978—2016 年实际增长率的拟合情况，将生产函数预测的中长期潜在增长率作为未来经济增长的下限。

从国际经济影响的角度出发，向量自回归模型预测中长期我国经济潜在增长率在 2020 年为 7.06%，2025 年为 6.45%，2030 年为 5.90%，2035 年为 5.40%。同样结合对 1978—2016 年经济实际增长率的分析，2012 年以来，在全球经济稳定发展的条件下，国际市场因素对国内经济发展有一定的促进作用，以此为背景测算的潜在增长率要高于我国经济实际增长率。我国正在全方位推动对外开放，2015 年《推动共建丝绸之路经济带和 21 世纪海上丝绸之路的愿景与行动》由国家发展改革委、外交部和商务部共同发布，“一带一路”建设全面进入实施阶段，通过塑造经贸合作新格局、构建新型全球经济秩序提供重要平台、促进我国产业结构转型升级与实现区域经济协调发展等，对我国经济转型有明显的促进作用。因此假定2017—2035年国际市场经济稳定运行的前提下，向量自回归模型预测的经济潜在增长率要高于实际经济增长率，本文将其定位为我国未来经济增长的上限。

由于目前2017年和2018年我国经济实际增长率数据已经发布，因此可以根据这两年的实际情况验证本文预测结果。根据国家统计局发布的2017年经济增长率为6.8%，2018年我国经济增长率为6.6%。可以看到生产函数预测趋势（2016年较2015年上升0.28个百分点，2017年较2016年下降0.02个百分点）比实际趋势提前一期（2017年较2016年上升0.1个百分点，2018年较2017年下降0.2个百分点）。在上升趋势中，预测潜在增长率要高于实际增长率，2017年预测值7.27%高于实际值6.8%；在下降趋势中，预测潜在增长率要低于于实际增长率，2018年预测值6.20%低于实际值6.6%。向量自回归模型预测潜在增长率为下降趋势，保持在实际增长率上限，2017年为7.49%，2018年为7.34%，均高于实际增长率的6.8%和6.6%。

本文通过生产函数模型和向量自回归模型预测的2019—2035年我国经济潜在增长率具体数据如表19所示，为未来我国实际经济增长率提供上限与下限的参考，以期为准确把握经济运行态势，制定正确的经济发展政策提供参考。

表19　2017—2035年我国经济潜在增长率估计结果　单位：%

预测年份	生产函数潜在增长率（下限）	向量自回归潜在增长率（上限）
2017	7.27	7.49
2018	6.20	7.34
2019	5.84	7.19
2020	5.51	7.06
2021	5.23	6.94
2022	4.97	6.81
2023	4.73	6.68
2024	4.52	6.56
2025	4.32	6.45
2026	4.14	6.33
2027	3.98	6.22
2028	3.83	6.11
2029	3.69	6.00

续表

预测年份	生产函数潜在增长率（下限）	向量自回归潜在增长率（上限）
2030	3.55	5.90
2031	3.43	5.80
2032	3.32	5.69
2033	3.21	5.60
2034	3.11	5.50
2035	3.02	5.40

六、结论与展望

（一）结论

新时代背景下我国经济正面临换挡减速、结构优化调整、供给侧改革的阵痛期，中长期内中国经济增长会达到多少，是宏观经济研究的重要问题，也是政策制定者关注的热点。本文分别从国内供给角度和国际开放角度构建生产函数和向量自回归模型测算1978—2016年我国经济潜在增长率并对2017—2035年我国中长期经济潜在增长率进行预测，得到主要结论如下：

第一，从国内供给角度出发，在经济增长理论的基础上，考虑要素投入对经济增长的贡献，引入状态空间模型构建要素投入替代弹性可变的生产函数模型。结合新时代背景，提出“有效劳动”概念，分别对资本和劳动两种投入要素进行再估计。结果显示，生产函数测算的我国经济潜在增长率能够很好地拟合1978—2016年我国经济周期转折点，在经济下行时，潜在增长率往往低于实际增长率。目前我国正在从经济高速增长转向高质量发展阶段，经济增长率下行趋势明显，本文将生产函数预测的中长期经济潜在增长率作为指导未来经济增长趋势的下限。

第二，从国际市场角度出发，通过菲利普斯曲线与奥肯定律结合国际市场因素对我国经济的影响，在向量自回归模型中引入通货膨胀、外汇储备与汇率等指标测算我国经济潜在增长率。结果显示，在1986年前国际市场对国内经济影响很小，潜在增长率测算结果与实际增长率结果拟合效果好。1986年后，国际市场动荡时潜在增长率往往低于实际增长率；国际市场平稳时，潜在增长率往往高于实际增长率。在假定未来中长期全球经济市场平稳运行的条件下，本文对模型未来中长期潜在增长率的预测，作为对实际经济增长率发展趋势上限。

第三，运用生产函数模型和向量自回归模型对1978—2016年我国经济潜在增长率的测算，预测2017—2035年新时代我国中长期经济潜在增长率显示，2020年我国经济潜在增长率在5.51%—7.06%，2025年经济潜在增长率在4.32%—6.45%，2030年经济潜在增长率在3.55%—5.90%，2035年经济潜在增长率在3.02%—5.40%。

（二）展望

为了进一步提高我国经济潜在增长率的预测精度，我们在今后的研究中要从以下两个方面着手：

首先，在生产函数模型设计上对于资本存量测算的折旧率确定还有待进一步考究，在数据质量不断提高的情况下，深入分析探讨其他更为简便和准确的方法测算投入要素。

其次，随着统计方法的不断发展，在开放条件下经济潜在增长率的测算模型还有较大的拓展空间。

在今后的研究中基于以上两点还应进行更为细致的深入分析，在正确测算经济潜在增长率的前提下，结合新时代我国经济其他热点问题展开讨论。